# Voces hispánicas

## hispánicas

### Historias personales

Armando Brito, editor
*Brandeis University*

## McGraw-Hill College

Boston   Burr Ridge, IL   Dubuque, IA   Madison, WI
New York   San Francisco   St. Louis
Bangkok   Bogotá   Caracas   Lisbon   London   Madrid   Mexico City
Milan   New Delhi   Seoul   Singapore   Sydney   Taipei   Toronto

# McGraw-Hill College

*A Division of The* **McGraw·Hill** *Companies*

This is an ⫯⫯ book.

*Voces hispánicas*
*Historias personales*

This book is printed on acid-free paper.

1 2 3 4 5 6 7 8 9 0 FGR FGR 9 0 3 2 1 0 9

ISBN 0-07-290418-6

Editor-in-Chief: Thalia Dorwick
Sr. Sponsoring editor: William R. Glass
Development editors: Scott Tinetti, Beatrice Wikander
Marketing director: Margaret Metz
Project manager: Sharla Volkersz
Production supervisor: Richard DeVitto
Designer: Suzanne Montazer
Cover and interior design: Adriane Bosworth
Compositor: York Graphic Services, Inc.
Typeface: Palatino and Officina Sans
Printer: Quebecor Printing Fairfield, Inc.

### Library of Congress Cataloging-in Publication Data

Voces hispánicas: Historias personales / Armando Brito, editor.
    p. cm.
  Includes index.
  ISBN 0-07-290418-6
  1. Spanish language—Readers—Hispanic Americans. 2. Hispanic Americans—Biography. I. Brito, Armando.
  PC4127.H48 V63 1998
  468.6—dc21                         98–49166
                                          CIP

http://www.mhhe.com

# Índice de materias

# Prefacio

## ¿Quiénes somos los hispanos?

No debería sorprender que cada uno de los hispanos, de los millones que hay en los Estados Unidos, tenga su propia historia, una historia única, sobre el tema de su integración al tapiz humano que compone este país. Es precisamente esta realidad la que el presente volumen de lecturas autobiográficas, escritas por catorce miembros de esta diversa comunidad hispana, intenta comunicar. Como Ud. leerá a través de ellas, todos los narradores de estas historias han tenido que enfrentar situaciones difíciles en los Estados Unidos, situaciones provocadas ya sea por el hecho de su identidad hispana directamente o por otras circunstancias. Sin embargo, Ud. descubrirá también que cada narrador(a) ha podido encontrar el beneficio y las ventajas en sus experiencias y que, gracias a su tenacidad, ha podido triunfar. Esta colección de lecturas habrá alcanzado una meta importante si logra permitirles a los lectores ver algún reflejo de su propia realidad en ella.

A través de estas catorce historias, se manifestarán muchos de los factores que contribuyen al desempeño de la vida de una persona hispana que vive en los Estados Unidos, como el país de origen del individuo o de sus antepasados, el motivo de su inmigración a este país, su edad, el tamaño de su familia, el estado donde se haya establecido, su profesión y, en fin, una multitud infinita de otras posibilidades. Se podrá ver que las historias que forman parte de este libro testifican que tales factores, que en un principio pueden haber dificultado la aclimatación de sus narradores a una vida como hispanos o inmigrantes, o como ambos, en los Estados Unidos, luego también pueden haberles proveído de la fuerza y el apoyo necesarios para alcanzar éxito profesional y estabilidad personal.

Los escritores de las narraciones a continuación representan un perfil del origen latinoamericano y español al que pertenece la población hispana que reside en los Estados Unidos y que se incluye entre los factores mencionados en el párrafo anterior. El hecho de provenir ellos mismos o sus familias de lugares como Puerto Rico (Ilia M. Rolón, Lydia Vélez Román, Carmen Ileana González-Román), Cuba (Rosario Caminero, Gustavo Medina, Manuel Fernández, Elías Miguel Muñoz), España (Cristina Juvier, Ana María Pérez-Gironés), México (Arturo Jasso, Laurencio Carlos Ruiz Villegas), la Argentina (Renato Lombardi) y Honduras (Angie Karina Balmaceda, Olga Marina Moran) contribuye, entre otros factores, al desarrollo y a la interpretación personal de sus experiencias en los Estados Unidos. Como ejemplo consideremos al mexicano Arturo Jasso («El otro»), quien de adolescente llegó a San Antonio, Texas, sin tener dónde alojarse, y por consiguiente decidió tomar un autobús y bajarse en el barrio que le pareció más mexicano que los demás. De no haber sido mexicano él, quizá habría acabado en otro barrio, lo que podría haber hecho que su vida tomara un curso distinto. También el hecho de haber nacido en territorio estadounidense o en otro país ha influido en el camino que tomó la vida de los narradores, como demuestra el ejemplo de Ilia M. Rolón («El Cuco ya no me ve»), nacida en Nueva York. Su madre la mandaba todos los veranos a Puerto Rico a visitar a sus abuelos, quienes la hacían sentirse bonita e inteligente, lo que la ayudaba a mantener su autoestima cuando los compañeros de escuela en California (adonde se mudó más tarde) le llamaban *wetback* y *beaner*. Finalmente, los orígenes tan diversos de los narradores de Latinoamérica y España y sus relatos autobiográficos, también se pueden aprovechar para aprender sobre la cultura y la historia del país de origen de cada uno de ellos y su familia, historia que en muchos casos explica las circunstancias que resultaron en sus inmigraciones. Elías Miguel Muñoz («De travesías y triunfos agridulces») nos enseña en su narración que muchos padres cubanos se encontraron obligados a tomar la difícil decisión de separarse temporalmente de sus hijos con tal de que éstos tuvieran la oportunidad de salir de Cuba en los años que siguieron a la Revolución comunista.

A pesar de los orígenes nacionales tan diversos de los narradores, todos comparten el mismo idioma: el español. Sin embargo, los distintos países de habla española poseen variaciones lingüísticas que hacen que el español de cada narrador(a) se destaque. Estas diferencias lingüísticas entre los países de Latinoamérica y España, y entre las ciudades y regiones de un mismo país, raramente son tan importantes como para impedir la mutua comprensión entre hispanohablantes de diferentes países o regiones. Estas diferencias son principalmente fonológicas (de la pronunciación) y léxicas (del vocabulario). Por supuesto que las personas que llegan a los Estados Unidos de tantos países distintos traen consigo sus particularidades lingüísticas, y estas variedades nacionales y regionales han afectado la manera en que los narradores que aparecen en este libro se han expresado en sus historias, hecho que se podrá confirmar a través de las páginas de esta antología. Es más, se ha procurado mantener la fidelidad lingüística de los escritores sin imponerles a sus contribuciones cambios editoriales subjetivos, precisamente para que se reflejen las voces auténticas de todos. De hecho, quizá Ud. encuentre en algunos contextos palabras o expresiones que no conoce o que no habría usado. Es importante entender, entonces, que ninguna variedad del español es mejor que otra, y que los habitantes de un país en particular no lo hablan mejor ni peor que los de cualquier otro país. La realidad es que todos los idiomas, incluso por supuesto el español, son sistemas constantemente en flujo con respecto al tiempo y al espacio, y que por lo tanto las diferencias que Ud. como lector(a) encuentre en estas narraciones sólo demuestran el dinamismo y la flexibilidad del español, idioma como cualquier otro en el que cada idea tiene más de una sola posible manera de expresarse.

Teniendo todo esto en cuenta, convendría ahora preguntarnos qué significa para nosotros ser hispanos. ¿Qué nos hace hispanos? ¿Hay ciertas normas para determinarlo? Las respuestas a estas preguntas podrían resultar sorprendentes. Primero, tiene sentido explorar la etimología de la palabra **hispano.** Cuando los antiguos romanos, quienes hablaban latín, conquistaron el territorio europeo que hoy se conoce como la Península Ibérica, le llamaron Hispania a toda la península. De esta palabra evolucionó el nombre **España,** y de aquí el adjetivo **español. Hispano** es una palabra moderna que traza una línea directa al origen histórico, peninsular y europeo de lo que describa. Cuando se usa para describir a las personas, **hispano** implica una conexión con el área que hoy se conoce como España y con su historia, su gente, sus costumbres y su idioma.

En este sentido de la palabra, que nos vislumbra la etimología, se podría decir que los hispanos son sencillamente personas que hablan español y que son descendientes de los que vivieron en alguna época en España. Sin embargo, éste no es siempre el caso. Hay personas que se consideran hispanas pero que no hablan español. Hay personas que se consideran hispanas pero que no descienden de los españoles europeos. Hay personas que se consideran hispanas pero que no practican ninguna de las costumbres culturales heredadas de España. Los hispanos, como cualquier otro grupo, representan una gama muy extensa de individuos que difieren enormemente entre sí. Obviamente, para poder incluir a todos los que se consideran hispanos bajo el mismo término, es necesario extender lo más ampliamente posible los lazos, de cualquier tipo que sean, que a la larga conducen a España y su historia, la cual incluye la llegada de los españoles a las Américas y la subsiguiente colonización de éstas.

Es preciso aclarar aquí que la palabra **hispano** no les agrada a todos ni es usada por todos. Hasta este punto, no se ha distinguido entre el significado de la palabra **hispano** dentro de los Estados Unidos y en otros países. Mientras que en muchos países el término podría expresar la connotación más básica y genérica que se describió anteriormente, en los Estados Unidos en particular se percibe frecuentemente como una palabra empleada para diferenciar a un grupo específico de entre los otros grupos que forman la población estadounidense. De hecho, es interesante notar aquí que existen algunos hispanos cuyos antepasados han vivido desde hace siglos en lo que hoy son los Estados Unidos. Para ellos no se trata de ninguna inmigración, ya que una gran parte del suroeste estadounidense (Texas, Arizona, California, Nuevo México y algunos otros estados) pertenecía a México antes de pasar a manos de los Estados Unidos. Luego hay quienes dirían que la palabra **hispano** provoca división y que no se promueven las buenas relaciones con otros grupos cuando se clasifica a las personas de tal forma. La palabra *Hispanic* también es percibida a veces como palabra impuesta por la administración gubernamental estadounidense, y desde luego no escogida por los miembros mismos del grupo que denomina. En parte debido a estas razones también es muy común oír **latino,** palabra que se ha incorporado tal cual al inglés en los Estados Unidos. Muchos prefieren este término, ya que muchas personas de habla española lo usan para referirse a sí mismas cuando hablan español. Además, esta palabra tiene la ventaja de no reflejar el vínculo con España, país con que muchos no se identifican de ninguna manera y que para algunos hasta representa una hegemonía imperial y una colonización devastadora. Claro está que el término **latino** tampoco es libre de contienda, puesto que igual que **hispano, latino** lleva connotaciones que pueden interpretarse como imprecisas, dado que son numerosos los pueblos y las naciones de habla romance, o sea los que han heredado un idioma derivado del latín de los romanos y que también se podrían considerar latinos.

A pesar de todo lo dicho, no cabe duda que existe un sector importante e influyente de la población estadounidense que está bien definido y al que se le llama comúnmente **hispanos** o **latinos.** Son catorce miembros de este grupo los que han contribuido con sus historias personales a este volumen. Y aunque representan países y culturas diferentes, también por la mayor parte se ven como miembros de un mismo grupo, unidos principalmente por el idioma español, sentimiento que nos comunican específicamente en sus narraciones (véase las narraciones de Rosario Caminero, Renato Lombardi, Ana María Pérez-Gironés).

## Sugerencias para los profesores

Esta antología provee de actividades prácticas para la mayor utilidad de los profesores y sus estudiantes. Después de cada narración hay la sección **Comprensión y opinión,** que contiene tres actividades que les facilitarán a los estudiantes la comprensión de la misma y le proporcionarán a Ud.

una selección de posibilidades para cubrir el material contenido en cada una de ellas. La primera actividad, **¿Qué dice el narrador / la narradora?,** ayudará a los estudiantes a resumir los detalles factuales que se encuentran en la narración. La segunda actividad, **¿Qué opinan Uds.?,** servirá para examinar los motivos más universales que han influido en la forma en que el narrador / la narradora ha estructurado su vida. Parte de esta meta es hacerles descubrir a los estudiantes que estos motivos podrían ser parte de la realidad de muchos de ellos. La tercera actividad, **Un paso más,** les pide a los estudiantes que den un paso aún más allá de lo que se ha comentado con respecto a las narraciones para que aprendan o compartan con la clase un aspecto más específico del mundo y de la realidad diaria de los hispanohablantes y de ellos mismos.

El profesor / La profesora que utilice este libro en sus clases de español para hispanohablantes podría aprovecharse de varias actividades de prelectura para preparar a sus estudiantes para la lectura individual. Aquí se ofrecen algunas sugerencias.

- Antes de que los estudiantes lean la narración, Ud. podría proveerles del vocabulario relacionado con el tema, a fin de que los estudiantes lo reconozcan con mayor facilidad cuando estén leyendo por sí mismos.
- Conversar sobre temas con los que los estudiantes podrían relacionarse no sólo podría ser una actividad reveladora de nuevas perspectivas antes de leer, sino que también podría despertar el interés de los estudiantes por la lectura.
- Ud. podría pedirles a los estudiantes que lean las primeras diez líneas de la narración y luego comentar en grupos cuál es la situación del narrador / de la narradora, qué camino podría tomar la narracion y cómo podría terminar.
- Ud. también podría indicarles a los estudiantes cuál es el país de origen del narrador / de la narradora (lo cual también podría leerse en los trozos biográficos que acompañan cada narración) y luego pedirles que en parejas o grupos intercambien todas las ideas que tengan o los hechos históricos que sepan sobre ese país. De este modo, los estudiantes pueden ponerse en el lugar del narrador / de la narradora y luego comparar los hechos descritos en la narración con lo que ellos habían anticipado.

Una vez que los estudiantes se sientan familiarizados con los temas generales de la narración, pueden llevársela a casa y darle una, dos y hasta tres lecturas (véase las sugerencias subsiguientes para los estudiantes). Las preguntas de comprensión se pueden usar como tarea escrita para entregar el día en que se comente la narración, y las preguntas de discusión, aunque idealmente se usarían para generar discusiones en clase, también podrían servir como temas para composiciones u otras tareas escritas. Por consiguiente, ésta sería otra forma más de preparar a los estudiantes para una discusión más activa sobre la narración.

## Sugerencias para los estudiantes

Para sacar el máximo provecho de cada lectura, el estudiante / la estudiante podría servirse de varias estrategias, incluso las siguientes.

- Lea la narración entera sin parar, aunque no vaya entendiendo todo lo que lee. De esta forma Ud. puede adquirir unas ideas generales sobre el tema de la narración. Estas ideas le serán útiles cuando vuelva a leer la narración. Trate de no detenerse mucho o buscar palabras desconocidas en el glosario al final del libro o en un diccionario durante la primera lectura —sólo es necesario sacar las ideas generales.
- Lea rápidamente las actividades que aparecen después de la narración. Esto también lo / la ayudará a sacar el tema general de la narración. Todavía no es necesario completar las actividades después de leer la narración por primera vez. Sólo es necesario sacar la impresión de lo que el narrador / la narradora está intentando comunicar. Pregúntese también si Ud. puede identificarse con los temas de la narración.
- Vuelva a leer la narración y las actividades otra vez. Si Ud. encuentra palabras desconocidas, trate de adivinar el significado de cada una por medio del contexto. ¿Qué dice el narrador / la narradora antes de esa palabra? ¿Qué dice después? Es posible que Ud. pueda interpretar el significado de la palabra quitándole cualquier prefijo o sufijo o dividiéndola en distintas partes. Se les recomienda a los estudiantes que sólo usen el glosario al final del libro como último recurso.
- Lea la narración una tercera vez. Si todavía necesita buscar palabras en el glosario o en un diccionario, limítese a buscar no más de cinco o siete palabras. Si pasa demasiado tiempo buscando palabras en el glosario o un diccionario, corre el riesgo de perder el hilo de la historia y el mensaje central de la narración. Después de esta tercera lectura, haga las actividades en la sección **Comprensión y opinión.**

• • • • • •

Es necesario recordar que estas catorce lecturas deberían servir como una breve muestra de los millones de relatos posibles sobre el tema de la integración de los hispanos al mosaico cultural de los Estados Unidos. Por lo tanto, al leer el lector / la lectora estos relatos, le animamos que vaya elaborando su propia narración de su experiencia como hispano/a en los Estados Unidos, narración que también podría haberse fácilmente incluido en este libro, con los de los otros autores, para formar la narración número quince.

Armando Brito
*Brandeis University*

# SOBRE EL EDITOR

**Armando Brito** nació en La Habana, Cuba, y a los tres años de edad llegó con su familia a Miami. Se graduó de la Universidad de Miami donde se especializó en Francés. Después de enseñar inglés en Francia, empezó sus estudios posgraduados en la Universidad de Michigan, de la cual recibió su maestría en Lingüística Histórica Romance. Actualmente enseña español en la Universidad de Brandeis en Massachusetts. También está escribiendo su primera novela, la cual trata de una familia cubano-americana.

# Consejos valiosos e inolvidables

## Rosario Caminero

Rosario Caminero *nació en La Habana, Cuba, de padres profesionales: su madre era profesora de la Escuela Psicopedagógica de la Universidad de La Habana y su padre era farmacéutico. Además de Cuba, ha vivido en Suiza, el Canadá, Nassau, Connecticut y Pittsburgh. Actualmente vive con su esposo en Lancaster, Pennsylvania, donde enseña en la Universidad de Millersville.*

De Cuba, sólo tengo recuerdos agradables y nostálgicos. Agradables, pues se relacionan con mi niñez y adolescencia transcurridas en esa bella isla junto a mi familia y amigos, y nostálgicos, al no poder evitar la tristeza de haber perdido mi patria ya que nunca más he podido regresar a la misma.

Mi familia, al igual que la de muchos cubanos, era una familia numerosa y unida compuesta por mis padres, abuelos, hermanos, tíos y primos. Básicamente nuestras costumbres, valores y hábitos eran muy similares a las de muchas otras familias cubanas: almorzábamos o cenábamos juntos todos los domingos en casa de los abuelos maternos o paternos; visitábamos con frecuencia a tíos y primos; participábamos y disfrutábamos en paseos y otras diversiones.

La figura central en mis años de formación fue mi abuela materna llamada igual que yo, Rosario. Ella ha sido y es la persona que más influencia ha tenido en mi vida. Era una mujer inteligente de belleza interior y exterior. Poseía una visión especial poco característica de las mujeres de su época. Sus consejos no parecían ser los de una mujer nacida a principios del siglo pues aún en la actualidad tienen extraordinaria vigencia. Constantemente me decía: «Rosarito, cuando termines el bachillerato sigue estudiando y ve a la universidad. Hazte una mujer profesional, con una carrera, al igual que tu madre» (mi madre era Doctora en Pedagogía y trabajaba en la Escuela Psicopedagógica de la Universidad de La Habana). «Si es tu deseo y tienes ambiciones profesionales no dejes que nadie ni nada te las quite. Si quieres casarte y tener hijos lo puedes hacer combinando tus deberes del hogar con los de tu carrera. Esto se puede lograr si lo deseas de verdad. De no hacerlo así, te pasarás el resto de tu vida lamentándote y nunca serás del todo feliz. Para una mujer es un orgullo, pero un orgullo bueno (ella siempre me decía que había orgullos buenos y malos), poder decirle al esposo que si lo aceptó en matrimonio fue por amor y no por necesidad o por imitación a lo que otras hacían».

Nunca pudo imaginar mi abuela que nuestro mundo, tal como lo habíamos conocido, se desplomaría con la Revolución y la toma del poder por los comunistas. Sucedió que el año anterior a la Revolución comunista, cuando estaba haciendo mis estudios de derecho en la Universidad de La Habana, conocí al que hoy es mi esposo, Rafael Caminero y Pereyra, quien era abogado de una de las filiales de una famosa compañía de Suiza. Al sospechar la inminente crisis política y económica que se avecinaba, Rafael gestionó su traslado a Connecticut, donde se encontraba otra rama de la compañía matriz de Suiza. La gestión de Rafael tuvo los resultados deseados, así que decidimos casarnos enseguida. Ya casados, y con la residencia americana en mano, nos trasladamos a los Estados Unidos para así comenzar nuestra vida de casados. Dejábamos atrás a Cuba y a nuestra querida familia, nunca pasándonos por la mente que poco tiempo después se romperían las relaciones entre Cuba y los Estados Unidos y que nunca más regresaríamos a nuestra patria.

Mi padre y mi abuelo fueron los únicos de la familia que acudieron a despedirnos al muelle desde donde salía el llamado *ferry* con dirección a Cayo Hueso, ya que tanto mi madre como mi abuela pensaban que emocionalmente ellas no se encontraban lo suficiente fuertes para poder presenciar mi salida hacia los Estados Unidos. De esa triste ocasión recuerdo el llanto de mi madre y mi abuela al despedirnos desde el portal de la casa de los abuelos. Recuerdo también a mi padre y a mi abuelo tratando de contener las lágrimas que asomaban a sus ojos. Ese día también sería el último día que vería vivo a mi abuelo.

De aquellos primeros tiempos en los Estados Unidos recuerdo vivamente que mi constante compañero era el temor. Le tenía temor a todo: temor a estar sola en mi nuevo apartamento mientras mi marido trabajaba; temor a cocinar y fracasar en la cocina; temor a ir sola a las tiendas o al mercado; temor a conocer a otras personas; en fin, temor a la vida en general. Los consejos de mi abuela, con la distancia y tras el brusco cambio que mi vida había experimentado, cada vez se hacían más lejanos. Era doloroso traer a flote los recuerdos de mi vida pasada, pues éstos contribuían más a la dificultad de soportar la realidad del presente. Subconscientemente, trataba de enterrar las memorias del pasado y poner atención solamente al presente. Con Cuba había perdido no solamente a mi familia sino también mi pasado, y por ende mi propia identidad.

Con el tiempo, y al adaptarme a la nueva vida y ambiente en los Estados Unidos, perdí el miedo a enfrentarme a las memorias, y éstas volvieron a ocupar un lugar importante en la realidad de mi vida. Los consejos de la abuela volvieron a oírse claramente y si bien no pude seguirlos completamente durante los primeros veinte años de mi vida en los Estados Unidos, nunca dejé de tenerlos presentes: «Rosarito, lucha por obtener tu potencial cualquiera que éste fuere; no tengas miedo y sobretodo no dependas de nadie para lograrlo. Válete por ti misma... » Y así veinte años más tarde, después de tres hijos y traslados a Suiza, el Canadá y regreso a los Estados Unidos por razón del trabajo de mi marido, decidí volver a la universidad y empezar nuevamente los estudios.

Por aquella época mi marido estaba de abogado en una compañía de acero en Pittsburgh, Pennsylvania. Dos de mis hijos estaban en *high school* y la más pequeña en *middle school,* así que ya no eran muy pequeños. Aunque tenía muchas obligaciones para mi familia y mis días estaban muy ocupados en desempeñarlas, no podía evitar sentir un poco de vergüenza por no haber hecho todo lo posible para seguir mi educación y lograr la ambición que había tenido desde niña: el llegar un día a ser profesora de una universidad (en Cuba me había matriculado en la Escuela de Derecho de la Universidad de La Habana por presiones de un amigo de la familia que quería que yo me quedara con su práctica de abogado). Tengo que decir también que mi marido, que tenía y tiene la facultad de a veces leerme los pensamientos, sabía de mis frustraciones y me repetía constantemente que debía investigar las carreras que las distintas universidades de la zona ofrecían y ver de qué modo podía combinar mis estudios con la supervisión que mis hijos aún necesitaban. Inclusive, hasta mis propios hijos me decían constantemente que ya ellos podían cuidarse y que estaban dispuestos a ayudarme en todo lo posible para que yo pudiera estudiar. Recuerdo que un día cuando compraba en un almacén del centro de pronto vi un cartel de la Universidad de Pittsburgh invitando a que fueran al piso noveno los que estuvieran interesados en obtener información sobre la universidad. Siguiendo un impulso decidí ir y averiguar si la Universidad de Pittsburgh podría servirme de instrumento para obtener mis ambiciones profesionales. Y así fue. Con la seguridad que da el tener el apoyo familiar, hice la solicitud para estudiar la maestría y el doctorado en la Escuela Graduada del Departamento de Español de la Universidad de Pittsburgh y pocos meses más tarde fui admitida a la misma. ¡Hacía entonces exactamente 22 años que me había casado y había salido de Cuba!

Los años de estudio que siguieron fueron difíciles para mí y para toda la familia. Tanto mis hijos como mi esposo se esforzaron por ayudarme en todo lo que podían, compartiendo todas las tareas de la casa. Mi hijo había empezado ya en *college*, así que mi hija mayor, que hoy en día es a su vez profesora en el Departamento de Inglés de la Universidad de Kansas en Lawrence, Kansas, asumió muchas veces la responsabilidad de cuidar a su hermana menor y ayudarla con sus tareas. Recuerdo también muchas noches en las que esta hija mayor y yo nos hacíamos mutua compañía estudiando en la misma habitación, ella para sus estudios del colegio y yo para mis clases de la universidad. A veces mi marido, al ver que ya amanecía y continuábamos estudiando, nos obligaba a descansar, aunque fuera algunas pocas horas, antes de empezar el día de trabajo o estudios.

Aproximadamente cuatro años después de empezar en la universidad, me gradué obteniendo mi Ph.D. Mis padres, mi esposo y mis tres hijos asistieron a la ceremonia. El orgullo que todos ellos sentían se les retrataba en sus rostros. Desafortunadamente, mi abuela había fallecido el año anterior y no pudo asistir a mi graduación, pero yo estaba segura que en esa ocasión memorable su espíritu estaba presente. Ahora ya tenía las credenciales necesarias para poder enseñar en una universidad, que era lo que siempre había ambicionado. Al mismo tiempo sabía que sería difícil encontrar un empleo que fuera compatible con mi vida familiar. Estaba contenta, pues había logrado mi meta en cuanto a mis estudios pero a la vez me intranquilizaba la idea de que ahora comenzaba probablemente la etapa más difícil de mi vida.

Recuerdo los meses que siguieron a mi graduación como una época de desconcierto e inseguridad. Hoy en día, en retrospección, me doy cuenta que este desconcierto e inseguridad fueron provocados tanto por la preocupación e incertidumbre de mi futuro profesional como por los conflictos de identidad, de los que hasta entonces no estaba muy consciente, que había experimentado desde mi salida de Cuba. Habíamos decidido ir a Miami para pasar nuestras vacaciones, como tantas otras veces, con nuestra familia y amigos. Por algún motivo, que aún hoy desconozco, me di cuenta durante este viaje que realmente yo ya no «encajaba» dentro del grupo de cubanos con los que siempre habíamos tratado. Notaba algo diferente en nuestra interacción con ellos y no podía precisar lo que era. En Miami, se vivía como si fuera Cuba. Por las calles se oía constantemente el español y especialmente el español distintivo de los cubanos. Los mercados siempre estaban llenos de los alimentos con los que habíamos crecido en Cuba. No había diferencia entre las casas que visitábamos de nuestros amigos y familia en Miami y las casas de Cuba, pues las de Miami tenían la misma decoración, la misma música, los mismos olores y el mismo ambiente de las de Cuba. Inclusive en Miami nos daba la impresión que la vida de nuestros amigos cubanos no había cambiado mayormente con el exilio ya que casi todos ellos habían logrado levantarse de nuevo y tener, al igual que mi marido y yo, una vida con el mismo o similar estándard al que tenían en Cuba. Antes siempre había disfrutado de nuestros viajes a Miami pero ahora era diferente. Sabía que mis experiencias eran, por lo general, distintas a las de muchos de los cubanos que acostumbrábamos visitar allí. Mi vida había seguido otro camino y por lo tanto mi punto de vista había cambiado también. Al no tener mucho en común con los demás, me encontré en varias ocasiones sin tener de qué hablar en las reuniones a las que asistimos. Hasta muchas veces mi propia familia o amigos me llegaron a decir que ya yo no actuaba ni pensaba como cubana. Mis hijos, por otra parte, eran considerados casi como extranjeros por los primos, lo que les hacía sentirse incómodos entre ellos. Todo esto me entristecía, pues en Pittsburgh, donde vivía, y a pesar de tener la ciudadanía americana por varios años, también muchos me veían como extranjera. En otras palabras, no me identificaba ni era identificada con ninguno de los dos grupos.

Al regresar a Pittsburgh, y en este ambiente que era ahora mi ambiente, me fue posible reflexionar y mirar dentro de mí misma para darme cuenta que en mí, como en casi todos los exiliados, existían conflictos internos y externos entre la cultura del pasado y la del presente. Yo no era la misma persona que había salido de Cuba y mis experiencias habían sido diferentes de las de muchos de los cubanos que vivían en Miami o en otros lugares. Tenía ahora una carrera universitaria obtenida después de mucho sacrificio tanto mío como de mi familia y por lo tanto ahora tenía la responsabilidad tanto para conmigo como para con mis hijos y esposo de salir adelante profesionalmente. Las palabras de mi abuela nuevamente volvieron a tener vigencia: «Rosarito, no descanses hasta obtener lo que quieras de la vida... »

Y con esas palabras siempre presentes empecé mi carrera como profesora universitaria. Mi primer trabajo fue en la misma Universidad de Pittsburgh donde me nombraron *Visiting Assistant Professor* por un año. Al año siguiente fui contratada con un puesto de *Assistant Professor* por Ohio State University, donde estuve por tres años hasta ser contratada en 1990 por Millersville State University donde tengo actualmente el cargo de *Full Professor* en el Departamento de Lenguas Extranjeras.

Millersville State University se encuentra en el condado de Lancaster, aproximadamente a una hora y media de Filadelfia. Lancaster es conocido por la gran cantidad de personas pertenecientes a la comunidad Amish que viven aquí. Para sorpresa de muchos, Lancaster tiene también una población numerosa de latinos, en su mayoría puertorriqueños, pero también dominicanos, mexicanos, cubanos, etcétera. Mi marido ahora trabaja en un bufete local y es uno de los pocos abogados latinos de la comunidad. Sus clientes, por lo tanto, son en su mayoría latinos y vienen a él porque se sienten más cómodos tratando con alguien de su mismo idioma y cultura. Para muchos de estos clientes hispanos Rafael es a la vez abogado, consultor espiritual y amigo. En Lancaster a mí también me ha sido posible hacer algo por la comunidad latina no solamente a través de la universidad sino también desde diferentes organizaciones de las que formo parte.

Por lo escrito anteriormente se puede observar que obtener lo que hoy en día tengo no ha sido nada fácil. Por el contrario, fue el resultado de un proceso muy difícil, ya que estudiar con tres hijos que necesitaban de mi atención requirió mucho sacrificio no solamente mío sino de toda la familia. De más está decir que muchas veces me pregunté si valía la pena tal sacrificio. Hallé la respuesta a esta pregunta el día de mi graduación en los ojos orgullosos de mi familia que parecían afirmarme que sí valía la pena luchar por un ideal.

Para terminar, quisiera decir que no creo que mi historia tenga nada de extraordinaria ni diferente a las de muchos exiliados, pero sí quisiera pensar que ésta lleva un mensaje de optimismo dirigido a todos los que como yo han tenido que emigrar y dejar atrás patria, familia y cultura. Lo importante es no darse por vencidos y seguir luchando, aun en tiempos difíciles. Y así hoy en día, sin darme cuenta, me veo muchas veces repitiendo tanto a mis hijos como a mis estudiantes, latinos y norteamericanos, los sabios consejos de alguien que poseía una visión extraordinaria para su tiempo: «No descansen, y luchen hasta obtener su potencial en esta vida. Únicamente así podrán alcanzar la felicidad.»

# COMPRENSIÓN Y OPINIÓN

## Actividad A ¿Qué dice la narradora?

**Paso 1.** Con un compañero / una compañera, indiquen si cada una de las declaraciones que siguen es cierta (**C**) o falsa (**F**).

1. _____ En Cuba, la familia típica sólo consistía de padres e hijos.
2. _____ A pesar de haber nacido a principios del siglo veinte, la abuela Rosario no veía las cosas de un modo tradicional.
3. _____ Cuando el padre y el abuelo de la narradora fueron a despedirla al muelle, no mostraron ninguna señal de sentimiento.

4. ____ La narradora pensó bien en los consejos de su abuela cuando tomó la decisión de continuar sus estudios universitarios.
5. ____ La familia de la narradora hubiera preferido que ella esperara más tiempo antes de matricularse en la universidad.
6. ____ La narradora se preocupaba de que no podría encontrar un empleo que le permitiera mantener el mismo tipo de vida familiar.
7. ____ Fue difícil para la narradora encontrar en Miami el ambiente que había dejado atrás en Cuba.
8. ____ Cuando la narradora regresó a Pittsburgh después de la visita a Miami, no había logrado resolver el conflicto que la preocupaba.
9. ____ En Lancaster la narradora y su esposo se integraron a la comunidad hispana.
10. ____ La narradora piensa que su experiencia puede considerarse como algo bastante común.

**Paso 2.** Comparen sus respuestas con las de otra pareja. ¿Están de acuerdo en sus opiniones?

**Paso 3.** La pareja A se encargará de las respuestas ciertas y la pareja B se encargará de las respuestas falsas. Luego sigan las indicaciones a continuación.

**Pareja A:** Amplíen la información contenida en la declaración de cada respuesta, para darle así un poco más de información a la pareja B.

**Pareja B:** Explíquenle a la pareja A por qué las otras declaraciones son falsas.

## Actividad B ¿Qué opinan Uds.?

**Paso 1.** En grupos de tres estudiantes, tomen cinco minutos para hablar sobre los cuatro temas a continuación e intercambiar sus impresiones iniciales. Luego, una persona del grupo debe escribir en una hoja de papel aparte una lista de cuatro palabras que resuman las impresiones del grupo con respecto a cada uno de los temas.

1. sorpresas de la vida
2. desgracias de la vida en el exilio
3. triunfos de la vida en el exilio
4. regreso al pasado

**Paso 2.** Ahora, intercambien su lista con la de otro grupo. Comenten las semejanzas y diferencias entre las impresiones de los dos grupos.

## Actividad C  Un paso más

Entreviste a una persona que haya dejado su país para establecerse en los Estados Unidos. Durante la entrevista, enfóquese en los temas discutidos anteriormente en relación con «Consejos valiosos e inolvidables». En la clase siguiente, presente un informe sobre lo que averiguó de esa persona.

# Sólo se necesita la determinación

## Angie Karina Balmaceda

Angie Karina Balmaceda *nació en Nueva Orleáns de padres hondureños. Es actualmente estudiante de Montgomery College en Conroe, Texas, cerca de Houston, donde se especializa en Enfermería. Entre sus gustos se cuentan los deportes como el tenis, el vólibol, el fútbol y el* softball.

Mi nombre es Angie Karina Balmaceda. Tengo diecinueve años. Estoy en mi segundo año de la universidad. Nací en Nueva Orleáns, Louisiana, y he vivido ahí por dieciocho años. Mi mamá y papá son de Honduras, pero mi papá es mitad hondureño y mitad chileno.

Mi mamá se vino de Honduras en 1973 para estudiar belleza. Mi papá se vino en 1970 con su familia para buscar algo mejor. Mis papás ya se conocían desde Honduras porque la hermana de mi mamá se casó con el hermano de mi papá. Pero ellos no se vinieron a enamorar hasta que llegaron a los Estados Unidos —¡dos hermanos se casaron con dos hermanas! Cuando vinieron, mis papás creían que la vida aquí era fácil. Pero muy rápido se dieron cuenta de que la vida aquí no es fácil. Ellos tuvieron que trabajar en cualquier trabajo y no les pagaban lo mínimo. Tenían que trabajar de noche, tenían que caminar al trabajo y a la escuela porque no tenían carro. Mi papá no pudo terminar la escuela porque tenía que trabajar para ayudar a su mamá. Su hermana mayor se enfermó con artritis y ya no pudo trabajar. Entonces mi papá tuvo que ir a trabajar para ayudar con los gastos del médico para su hermana porque ella ya no podía caminar. Mi mamá no terminó de estudiar su carrera porque ella se quedó en casa a cuidar a mi tía. Es por eso que, para mis padres, es muy importante que nosotros vayamos al colegio y que tengamos una profesión porque ellos no quieren que tengamos que trabajar tan duro en la vida como ellos tuvieron que hacerlo.

En mi casa viven mi tía, mi abuelita, mi tío, mis dos hermanos, mi papá, mi mamá y yo. Los demás miembros de la familia viven a una cuadra de mi casa. Nunca me tuve que quedar con una persona extraña porque siempre había alguien para cuidarme. Nunca aprecié esto hasta ahorita que ya soy mayor. Nunca entendí que eso no es algo que todos los niños tuvieron y que a bastantes niños les gustaría haber tenido a sus papás siempre con ellos.

Soy la mediana de tres hijos, y soy la única de mis hermanos que nació con asma. Vivir con asma fue muy duro. Recuerdo que una vez —la única vez— que nevó en Nueva Orleáns, yo tenía como siete años y mis hermanos fueron a jugar en la nieve pero yo no pude ir a jugar porque estaba enferma y el frío me iba a hacer más daño. Recuerdo que, mientras los estaba mirando por la ventana de la sala, me sentía muy triste. Cada vez que pienso en ese día es como si lo estoy viviendo otra vez y me siento triste hasta con ganas de llorar.

Empecé la escuela primaria a los cuatro años. Iba a Ella Dolhonde, una escuela que estaba a cinco minutos de mi casa. Mi mamá me dejaba allí todos los días y me iba a recoger después de la escuela. Ella no quiso trabajar porque tenía miedo de que si algo nos pasara ella no iba a poder estar con nosotros. Y aunque ella quisiera trabajar, no hubiera podido porque yo me enfermaba mucho con asma —hasta por un mes entero. Recuerdo que mi mamá siempre estaba a mi lado y siempre me apoyaba cuando yo creía que no iba a poder aprobar las materias del año escolar. Vivir con asma me enseñó a ser una persona más fuerte y luchadora, pero la dedicación, la paciencia y el apoyo de mi mamá hicieron que me creciera en una mujer que no se deja vencer fácilmente.

Cuando empecé la escuela primaria no me gustaba hablar español porque no quería que los otros niños se rieran de mí. Mi mamá siempre me obligaba a hablarle en español aunque no me gustaba. Sin embargo, eso siempre se lo voy a agradecer. En el cuarto año yo les ayudaba a los profesores a traducir para los niños que no hablaban inglés, pero todavía no me interesaba el español. Fue en la escuela primaria que gané mi primer premio en una competencia de escribir cuentos. También gané premios por ser la mejor estudiante y tener buenas notas. Mi mamá y mi papá siempre asistían a todas mis actividades. Cuando yo los veía me sentía contenta de que me vinieran a ver y me fijaba en que ellos siempre estaban orgullosos de mí y no les importaba cómo saliera. Nunca me reclamaban si no hacía una carrera o si no ganaba primer lugar. Para ellos lo más importante era que yo me esforzara. Y para todas estas cosas ahí estaban mis padres. Siempre podía encontrarlos, allí; se me acercaban a saludarme, me gritaban para animarme en las competencias y yo sabía que podía ir a verlos al final de cualquier evento.

Luego pertenecía al *Drill Team,* un equipo de danza y ejercicio que era uno de los mejores del estado y de la región del sur. Yo participé en ese equipo por cuatro años e iba a las competencias. Una vez había una competición en otro estado, Misisipí. Recuerdo que nosotros nos íbamos el viernes y la competición era el sábado por la mañana. Cuando llegué al lugar de la competición, me sentía muy nerviosa y algo muy raro por dentro: ¡quería que ya llegaran mis padres! En ese momento me di cuenta de que todos esos años que ellos estaban a mi lado si los necesitaba. La presencia de ellos me daba la fuerza que yo necesitaba para hacer cualquier cosa. Cuando por fin llegaron mis padres me entró una tranquilidad. Pero yo creía que realmente no los necesitaba porque los papás de los otros niños no iban y ellos no los necesitaban.

Pero las costumbres de los latinos son muy diferentes de las anglosajonas. Eso fue algo muy duro para mí porque como vivía en los Estados Unidos y miraba cómo eran los americanos, yo creía ser como ellos. Pero el problema era que ellos creían ser como yo. Fue después de ese día en Misisipí que a mí ya me interesó ser latina, ya me empezó el gusto de hablar español, oír música latina, decir que soy latina. Y me di cuenta de que los otros niños querían ser como yo, ellos querían tener siempre presente a su familia, ser parte de dos culturas y hablar dos idiomas.

Mi primer año de la universidad asistí a Louisiana State University (LSU), que queda en Baton Rouge a una hora y media de mi casa. Recuerdo que siempre quería ir a LSU. Fue duro mi primer semestre en LSU porque no estaba acostumbrada a estar lejos de mi familia. Iba a la casa de mis padres cada fin de semana y durante el verano trabajaba en Nueva Orleáns. Fui a LSU por un año, después me decidí que me iba a cambiar a Houston, Texas, con mi madrina, porque las universidades son más baratas allí. No fue una decisión fácil porque yo tenía todo en Nueva Orleáns: mi familia, mis amigos, mi novio. Pero me puse a pensar que necesitaba ir adonde podía hacer algo de mí, y en Houston estaba esa oportunidad. Al principio fue duro porque extrañaba Nueva Orleáns —no la ciudad sino lo que dejé ahí. Después de un tiempo me acostumbré, pero todavía es duro porque no tengo muchos amigos y la confianza que tenía con mis viejos amigos en Nueva Orleáns. Pero así es la vida. Tienes que sacrificarte para realizar tus metas. Quiero ser enfermera bilingüe porque quiero ayudar a la gente que no puede hablar inglés. Recuerdo que hace mucho tiempo mis papás eran esas personas que no hablaban inglés y necesitaban ayuda. Si mis papás nunca hubieran venido a sacrificarse aquí, yo nunca hubiera tenido las oportunidades que tengo. Pero ellos nunca se olvidaron de sus raíces y nunca dejaron que yo me olvidara de las mías.

No puedo esperar el día en que me gradúe de la escuela de enfermería. Eso es algo que no sólo quiero hacer para mí, sino también por mis papás. Lo único que ellos me han pedido es que yo estudie y termine la carrera. Y no les voy a fallar. Eso es lo mínimo que puedo hacer por todo lo que han hecho por mí. Me siento muy afortunada porque voy a ser la primera de mi familia en asistir a y terminar la universidad. Eso me abre los ojos para mirar que no todos de mi familia lo tenían tan fácil y no voy a desperdiciar esa oportunidad.

Mis padres me han enseñado cómo sobrevivir en un país donde importan el color de tu piel y el lenguaje que hablas. No me apena decir quién soy yo y de dónde son mis papás. Me han enseñado que todo se puede alcanzar si de verdad lo quieres hacer. Me han enseñado que sea luchadora y que no deje que nadie me diga que no puedo realizar mis metas. Aprendí todo esto al ver cómo ellos salieron adelante en este país y nos dieron una buena vida a pesar de que las puertas se les cerraron muy temprano a ellos.

Yo me siento muy orgullosa de ser latina. Y me siento muy orgullosa de mi familia. Aunque ellos no terminaron la escuela, ellos siempre quieren algo mejor para nosotros. La vida es dura pero si tienes a alguien que te ayude, todo se puede hacer. Y yo le doy las gracias a Dios todos los días y le pido que les dé a mis padres muchos años de vida para que sigan a mi lado ayudándome. Mis padres no son ricos, no son profesionales, pero me han dado más de lo que el dinero me hubiera podido comprar: su amor, su tiempo, su ternura, su atención, y lo más importante, su apoyo y un oído para escucharme.

# COMPRENSIÓN Y OPINIÓN

## Actividad A ¿Qué dice la narradora?

Conteste las preguntas a continuación.

1. ¿Qué dificultades tuvieron los padres de la narradora después de inmigrar a los Estados Unidos?
2. ¿De qué condición padece la narradora y cómo afecta su vida?
3. ¿Cuál era la actitud de la narradora con respecto al español cuando era joven?
4. ¿Cómo le mostraban los padres su apoyo a la narradora?

5. ¿Qué descubrió la narradora en Misisipí acerca de sus padres? ¿Cómo cambió este descubrimiento la perspectiva de la narradora sobre su cultura?

6. ¿Qué experiencias tuvo la narradora durante el proceso de buscar una universidad?

7. ¿Cuáles son las distintas motivaciones de la narradora para terminar sus estudios?

8. ¿Qué opinión tiene la narradora de sus padres y de su familia, en general?

## Actividad B ¿Qué opinan Uds.?

En grupos de cuatro estudiantes, comenten las siguientes preguntas.

1. ¿Han tratado Uds. alguna vez de esconder públicamente su origen hispano? ¿Han tenido alguna vez vergüenza de hablar español o de ser hispanos? Expliquen.

2. ¿Están Uds. de acuerdo con la narradora en que los padres latinos les brindan más apoyo a sus hijos que los padres anglosajones? Expliquen.

3. ¿Es diferente para los estudiantes hispanos el proceso de escoger una universidad en los Estados Unidos? Expliquen. ¿Cómo eligieron Uds. la universidad donde estudian? ¿Qué factores influyeron en su elección?

4. ¿Qué opinan de la idea de sentirse orgullosos de ser hispanos? ¿Es algo necesario en su vida? ¿Podría convertirse este orgullo en algo perjudicial? Expliquen.

5. ¿Es importante que los hispanos que siguen una carrera universitaria presten sus servicios de alguna forma a la comunidad hispana? Expliquen.

## Actividad C Un paso más

**Paso 1.** Bien se sabe que hay mayores concentraciones de hispanos en lugares como California, Texas, Florida y Nueva York. Pero también hay hispanos en todos los otros estados. En grupos de tres o cuatro estudiantes, hagan una lista (por orden de mayor a menor concentración) de otros diez estados donde Uds. piensan o saben que hay concentraciones de latinos también. Comparen su lista con la de otro grupo.

**Paso 2.** Busquen estadísticas sobre las poblaciones hispanas en los Estados Unidos. Pueden buscar esta información en la biblioteca o por el Internet. ¿Cuáles son los estados donde hay mayor número de hispanos? En la clase siguiente, trabajen con los mismos compañeros para comparar las estadísticas con las listas que habían preparado.

# El otro

## Arturo Jasso

Arturo Jasso *nació en Monterrey, México, y tenía 16 años cuando emigró a los Estados Unidos. Actualmente, es profesor de español y literatura en la Universidad Estatal de California en Fullerton. Ha publicado cuentos y poemas en varios periódicos y revistas. En 1983 publicó* Fantasías prohibidas y otros poemas *(México: Ediciones Escorpión), y en 1994 publicó* La madre rana y otros cuentos *(Puerto Rico: Ediciones Escorpión). En su tiempo libre es concertista de guitarra clásica.*

---

*H*oy se habla de la psicología frecuentemente. Nos la encontramos en todo lugar. Como no soy psicólogo no sé exactamente lo que me pasó en los primeros años de mi vida. Sí sé muy bien que cuando un niño tiene cinco o seis años lo que «lee» lo marca para el resto de su vida. Ahora casi creo que por una fuerte e inefable impresión psicológica estoy viviendo en los Estados Unidos, aunque nací en México y allí me crié.

¿Será preciso rezar la letanía de la pobreza y el sufrimiento por el alcoholismo de un padre obrero? Creo que no. Pero mi madre tenía una hermana casada con un empleado del gobierno mexicano, lo cual, como se puede adivinar, le daba a mi tía Hortensia una abundancia de dinero, de cosas y de privilegios. Entre estos últimos estaba el de recibir las revistas *Life* y la no menos famosa *Reader's Digest en español*. Al pedírselas prestadas mi mamá, mi tía siempre contestaba: «Sí, Alicia, pero no me las vayas a perder porque Fernando quiere mandarlas a empastar». Lo cual mi tío hacía religiosamente al final de cada año. Yo, que no llamaba mucho la atención por mis seis añitos, las hojeaba lentamente deleitándome principalmente con los anuncios, aunque ya podía leer algo. Éstos se podrían dividir en dos clases: los eróticos y los de guerra. Los primeros no los entendía del todo, como es natural, pero sí me parecía interesante ver mujeres casi desnudas, sobre todo en *Life*. Al menos en esos años, su efecto fue nulo en mi infantil vida, como es de esperarse (o no, como podría argumentar uno de esos psicólogos que creen saberlo todo). En cuanto a los de guerra, ahí sí fue un verdadero desastre, sobre todo los anuncios de la aviación combatiendo a los japoneses. Devoré con pasión infantil toda la colección de revistas que cubrían los años de 1941 a 1946. Salían escenas de guerra donde se veían los aviones norteamericanos atacando a unos hombrecillos con ojos oblicuos (de chale, como decíamos los niños) y de piel amarilla. Inmediatamente me identifiqué con los aviones de las estrellitas blancas (norteamericanos) y comencé a odiar los del círculo rojo (los japoneses), y todo lo que quería hacer en la vida, desde ese punto en adelante, era ser aviador y matar a japoneses o a todos los que se parecieran a ellos.

Con esa idea categórica me decidí emigrar a los Estados Unidos. Después de una historia desastrosa en la escuela secundaria, donde fui expulsado tres veces por incorregible, mi madre me puso a trabajar en la fábrica Vidriera Monterrey donde laboraba mi padre. Tres meses en ese trabajito me convenció que no quería vivir el resto de mi vida como un obrero. Volví a la escuela como estudiante modelo y declaré, triunfalmente, que al término de mis tres años de secundaria partiría a los Estados Unidos a ser aviador. Todos creyeron, con razón, que estaba totalmente loco puesto que ni tan siquiera hablaba el inglés. Tampoco tenía familiares ni documentos ni dinero. Pero el sueño de un jovencito es lo que verdaderamente importa en la vida. Para el 15 de junio de 1954 arribaba a San Antonio, Texas, en autobús de segunda de la Greyhound, con ocho dólares en la bolsa y las tiernas bendiciones de mi madre en mis recuerdos. Había cumplido 16 años y medio y el deseo de ser aviador era sencillamente incontrolable.

Para mí no había casa adonde ir ni gente que ver. Dormí en las sillas de espera de la estación de autobuses, muy acogedoras, por cierto. Al otro día, sábado, tomé el primer autobús urbano que tenía un letrero en español. Bajé en un barrio que me pareció lo suficientemente mexicano para darme confianza. La calle se llamaba Navidad, y resultó serlo de veras. Rodé por ahí como una hora. Toqué en la puerta de una casa que tenía el césped muy largo (en Monterrey le decimos zacate) y una viejita muy linda me dijo: «Sí, hijo, córtalo porque ya está muy feo». Bueno, trabajé muy entusiasmado, como se podrá comprender, pero también la Sra. García me dio un buen almuerzo y albergue en la cochera de su casa. La camita que allí tenía me pareció mucho más acogedora que las sillas de la estación de autobuses, por alguna razón. Vino después un trabajo en la hielería de la esquina y luego otro mejor entregando Coca-Colas en un camión repartidor. Claro, yo era el cargador: «Arturo, baja diez cajas, sube estas quince; vete para limpiar las que se quebraron en la tienda, etcétera, etcétera». Para las cinco de la tarde ya estaba casi muerto. Lo que me revivía eran los aviones que continuamente pasaban por el cielo. Estaban muy cerca las bases aéreas de Randolph Field, Kelly Field y otras. Me sentía ya muy «cerca» de mi meta, de mi sueño de ser aviador e ir a combatir en algún lugar. Entusiasmado, sacaba energía para ir a aprender inglés por las noches en un colegio llamado George Washington. Salía a las diez de la noche y me moría a las once para revivir a las seis de la mañana del día siguiente. Y sí, volaba mucho en los aviones de mis sueños y ya hasta me veía con el uniforme de la Fuerza Aérea.

Así pasaron casi cuatro meses. Luego me volví aún más loco y se me ocurrió la audacia de creer que ya sabía el suficiente inglés para ir a tomar el examen de ingreso a la Fuerza Aérea estadounidense. Un lunes me declaré enfermo y no fui a trabajar. Tomé un autobús y me bajé justo enfrente de las ruinas del museo histórico de El Álamo, el cual no significaba absolutamente nada para mí, a pesar de ser mexicano. Con el corazón a cinco mil latidos por minuto entré a la estación de reclutamiento de la Fuerza Aérea. Era una mañana normal, como cualquier otra, el sol de octubre calentaba más de lo debido y le ganaba fácilmente al clima artificial de la oficina de reclutamiento. Para entonces ya no tenía corazón, ya se me había salido del pecho. Con paso tímido pero decidido, caminé hacia el primer escritorio que vi; con mi flamante inglés de cuatro meses y medio dije: «*I want to attach the U. S. Air Force*». Un soldado hispano, con el uniforme color «kaki» que yo hacía años soñaba portar, me corrigió en el acto: «*Oh, you want to join the Air Force, right?*» Yo no sabía de dónde había sacado ese «*join*», pero no importaba, me entendió, que era lo que me interesaba. Resultó ser el sargento Sánchez, quien rápidamente me explicó cuánto tiempo tenía para tomar la prueba escrita y también me preguntó si era residente legal: y sí, lo era, pero muy poéticamente.

Tomé el dichoso examen el 27 de octubre de 1954 a las once de la mañana junto con otros veinte muchachos, todos parecidos a mí. Yo tenía una fe del tamaño del mundo que lo iba a pasar y, claro, un entusiasmo aún mayor. Parecía mentira que yo estuviera allí, en la oficina de reclutamiento de la Fuerza Aérea estadounidense tomando ya el examen de admisión. Ya me veía con el ansiado uniforme volando como en las películas y los anuncios del *Reader's Digest*, en acciones de guerra en Corea (llegué tarde para la guerra en Japón). Estas visiones y la emoción apenas sí me dejaban mover el lápiz para marcar las respuestas. Y las marcaba como en un albur: lo que entendía bien, y lo que no también.

Acabamos a la una. Nos dijeron que nos avisarían los resultados en media hora. A las dos nos llamaron y comenzaron a recitar los apellidos de quienes habían pasado: ¡Rodríguez! ¡Puente! ¡Leal! ¡Guerrero! Y así más de quince nombres desfilaron por mis oídos. Maldecía la suerte de que mi nombre no estuviera hecho de las mismas combinaciones de letras de las ya anunciadas. Quería oír mi nombre pero era ya casi imposible pues ya era el fin de la lista, según mis aterrorizados cálculos. ¡Jasso! Cuando se oyó realmente no lo oí sino que más bien lo sentí. Y lo sentí como un cubo de fuego y hielo arrojado a mi cuerpo. El fuego me quemaba de alegría, el hielo me atemorizaba por la enormidad de la aventura que comenzaba. ¡Y vaya aventura! El pasar ese examen de tan enloquecida manera cambió mi vida y marcó una ruta que terminaría, paradójicamente, en la música y en la literatura. Por lo pronto compré una tarjeta postal y la mandé en el mismo buzón que estaba a la puerta de la oficina de reclutamiento. Todavía la tengo. Dice: «Mamacita; ya estoy en la Fuerza Aérea. No sé adónde me manden, salgo mañana a las 12.30 horas. De todas maneras, después le escribiré de donde me manden».

Me mandaron a la base de entrenamiento de Lackland, allí mismo en San Antonio. Me sentía borracho de alegría al verme vestido como aquellos aviadores que yo había admirado tanto en las películas de guerra y en las revistas. Todo parecía un sueño. Y tuve que despertar rápidamente puesto que casi no entendía las instrucciones verbales que nos daban en inglés. Me volví un perfecto chango: todo lo que veía que mis compañeros iban a hacer, después de observarlo unos segundos, lo hacía yo también. Órdenes como *«fall out»*, *«to the rear»*, eran chino para mí. Pronto aprendí a seguir la bola y así sobreviví. Después de dos meses recibí órdenes de reportarme a la base aérea de Kirtland, en Albuquerque, Nuevo México. Y creo que el traslado ocurrió así porque se dieron cuenta que yo no entendía muy bien el inglés. Allí me pusieron en un programa de mecánica de aviación que ellos llamaban OJT *(On the Job Training)*. Inmediatamente me distinguí por mi entusiasmo y mi facilidad para la mecánica y la electrónica. Terminé como *crew chief*, posición que requería volar constantemente en diferentes tipos de aviones. O sea, que me había muerto y había llegado a la gloria.

Luego comenzaron las decepciones. Yo quería que me mandaran a la guerra, una locura, lo sé, pero eso es lo que yo había soñado y quería estar en combate. Desafortunadamente para mí, claro, la guerra de Corea terminó y el armisticio se hizo oficial. ¡Adiós, sueños de gloria! Luego descubrí que en la fuerza aérea no se permite pensar: hay que obedecer sin cuestionar. Aprendí a hacerlo aunque sabía que iba en contra de mi naturaleza. Luego comenzaron los accidentes y los muertos. Yo tuve dos de los cuales salí ileso. Sin embargo, todos mis amigos se mataron en diferentes accidentes, algunos en las mismas pistas de nuestra base. Hasta alcancé a ver los pedacitos de uno de ellos, esparcidos, como florecitas rojas, en el negro jardín del asfalto. Y no era que me hubiera dado miedo, la pasión por volar no me lo permitía, sino que todo esto no era como en las películas y en las revistas que yo había visto. Definitivamente, el llanto y los gritos de dolor de las personas reales me hicieron sentir algo diferente.

Y hablando de sentir, creo que lo que me pasó después fue aún más dramático y radical para el curso que mi vida ya pronto tomaría. En una casa de empeño, tan populares alrededor de las bases militares, conocí a un señor de nombre Larry García. Me invitó a cenar en su casa. Después de cenar me preguntó si conocía a un señor que tocaba la guitarra muy bonito y que se llamaba Andrés Segovia. Pues no, ¿cómo lo iba a conocer si todo lo que había hecho en mi vida era pensar en ser piloto de caza y matar a gente? Pues oye, dijo, poniendo un disco en un gran tocadiscos de esos que entonces se llamaban «de alta fidelidad».

Las primeras notas entraron a mi alma como centellas en la oscuridad. Aquel sonido estremecía mi corazón con huracanada violencia para luego abandonarlo, dulcemente, en espasmos de nostalgia y de ternura. Una a una se desgranaron las piezas hasta llegar a un clímax emocional casi insoportable. Aquello me dejó totalmente estrujado, aplastado. Fue como descubrir el amor, aunque aún más fuerte y perenne; porque amores han venido y se han ido pero la guitarra, desde ese momento, ha sido mi fiel compañera. Me enamoré allí mismo, fatalmente, irremediablemente, con una pasión que aún hoy, después de tantos años, arde y arderá hasta que me muera. Muchos años después comprendería lo que me había pasado —el gran escritor Jorge Luis Borges me lo explicaría. Hay un momento en la vida de un ser humano en que descubre su «otro», aquella persona que ha estado escondida en nosotros pero no la conocíamos hasta ese instante. Yo esa noche me encontré a mi «otro», que era (después lo sabría) más verdadero que el que hasta entonces había vivido. Me di cuenta que yo no quería matar a nadie. Que mi alma se estremecía con la belleza de la música clásica (que jamás había oído) y que había que dejar la Fuerza Aérea.

Fui a la Universidad de Nuevo México para tratar de inscribirme en un curso elemental de guitarra clásica. Nada. Allí no se conocía la guitarra, y menos la clásica. Siendo así las cosas, comencé a querer aprender oyendo un disco y tratando de reproducir los sonidos en la guitarra. ¡Otra locura! Pero con el tiempo fui aprendiendo. Regresé a la universidad a ver si encontraba a alguien que me pudiera ayudar. Aunque fuera sólo en solfeo, teoría o en cualquier cosa. Pero no, no tuve suerte. Alguien del departamento de música, sin embargo, me sugirió que tal vez en el departamento de español podría conocer algún maestro. En Albuquerque le llamaban «guitarra española» a la clásica, y de ahí la conexión sugerida. Fui, y aunque ellos tampoco sabían nada, me dieron folletos de su programa de español. Era como haber llegado a una islita donde me encontré algo de lo que yo había abandonado en México. Me inscribí en algunos cursos (sin crédito) un año antes de salir de la Fuerza Aérea.

Paulatinamente me fui dando cuenta de un mundo extrañamente familiar y, a la vez, paradójicamente desconocido. Alfonso Reyes, por ejemplo, hablaba de la Plaza de Armas y del sol de Monterrey en algunos poemas. Yo conocía muy bien ambas cosas, claro, pero nunca las había visto tan hermosamente recreadas por un hombre totalmente desconocido para mí, a pesar de que él era de mi ciudad natal. Luego descubrí que era una de las glorias literarias de México. Y así me pasó con Federico García Lorca, Rubén Darío, Jorge Luis Borges, Pablo Neruda y tantos otros. Además, también me encontré la guitarra entre estos autores: García Lorca con sus bellos poemas dedicados a ella, Borges con sus evocaciones criollas, etcétera.

Como nunca pude encontrar profesor de guitarra me resigné a seguir aprendiéndola yo mismo. Me encerraba con un disco de Segovia todo un día e hilvanaba hilitos melodiosos de las piezas del gran guitarrista. Después, a través de la poesía de García Lorca, descubrí el mundo de los gitanos y su música: si antes era un loco inofensivo ahora era uno de atar, empecinado a tocar la música flamenca costara lo que costara. Noches enteras queriendo sacar la música diabólicamente atrayente de Sabicas, el gran guitarrista de flamenco. Y así me la pasé el resto del año: entre el ángel de la música clásica y el diablo de la flamenca.

Decidí entonces salir de la Fuerza Aérea y entrar de lleno a la universidad, como estudiante regular. Entonces comenzó la vía crucis para poder entrar a estudiar. «Su diploma de secundaria no sirve para nada, equivale sólo hasta el noveno grado en este país», me dijeron prontamente. ¡A tomar un examen de equivalencia! Tomarlo y pasarlo fue todo uno. Y como me había ganado eso que llamaban «G.I. Bill», que era beca para los veteranos de la guerra de Corea, desde entonces (1958) no he salido de las universidades. Al término de cuatro años me gradué en literatura española y brasileña. Y sin saber cómo, ni cuándo ni por qué, alguien me recomendó a la Universidad de Kansas para estudiar la maestría. Para entonces ya tocaba la guitarra «muy bien», como me decía mucha gente poco conocedora; pero yo sabía que tocaba muy mal, claro, pero la necesidad me hacía tocar en bares, en los cafés y, muy frecuentemente, en pequeños recitales que ofrecía con la misma audacia con la que me metí a la Fuerza Aérea. Debí convencer a suficiente gente porque el dinero nunca me faltó, y si no hubiera sido por la guitarra, no me habría sido posible sobrevivir económicamente.

Me fui a la Universidad de Kansas y saqué una maestría en literatura española y brasileña, siempre tocando mi guitarra, claro. Ya para entonces convencía mejor porque un señor se encantó tanto que me regaló una de las guitarras más famosas de la época moderna: Herman Hauser. Divina, tiene esa voz nostálgica y evocadora; íntima y a la vez lejana. Desde entonces (1960) ha sido mi compañera y me ha durado más que cualquier otro amor que he tenido.

Luego me fui a la Universidad de Missouri, Columbia, para enseñar portugués y literatura brasileña. Allí fue donde me doctoré en literatura hispanoamericana y así conseguí mi primer empleo como profesor de español y portugués.

Hace entonces 36 años que he tenido que vivir con «el otro», el profesor de literatura y el guitarrista. Ahora me siento algo culpable de que me paguen por hacer una cosa que gozo tanto: el impartir clases de literatura, escribir cuentos, poemas, hablar con los jóvenes, dar recitales de guitarra clásica y conmover con ello las almas de tantas personas. Eso, creo yo, es lo más lindo del mundo. Pero también sé que cada día yo aprendo algo nuevo de mis alumnos; de la guitarra no se diga, pues jamás dominaré totalmente ese bello instrumento. ¡Hay tanto que no sé!

Nunca me imaginé que sería profesor, y sin embargo lo soy, más por azar que por intención. Menos aún ser músico, y sin embargo lo soy por pasión. Estoy convencido que la literatura y la música nos hacen eso: nos descubren quiénes realmente somos y nos muestran caminos antes ignotos. Somos nosotros los que debemos saltar a «la otra orilla», por muy distante e imposible que parezca. Ah sí, cuando veo un avión militar surcando el cielo, lo que ocurre frecuentemente, saludo «al otro» y me acuerdo en un instante de todo lo que aquí acabo de contar.

---

# COMPRENSIÓN Y OPINIÓN

## Actividad A ¿Qué dice el narrador?

**Paso 1.** Escoja una de las frases en la lista B para completar las citas de la lista A. ¡OJO! Sobrarán dos frases de la lista B.

**A**

1. _____ «Yo... las hojeaba lentamente... »
2. _____ «Para el 15 de junio de 1954 arribaba a San Antonio, Texas,... con ocho dólares en la bolsa... »
3. _____ «Luego me volví aún más loco y se me ocurrió la audacia... »
4. _____ «Maldecía la suerte de que mi nombre no estuviera hecho... »
5. _____ «Me sentía borracho de alegría al verme vestido como aquellos aviadores... »
6. _____ «Definitivamente, el llanto y los gritos de dolor de las personas reales... »
7. _____ «Hay un momento en la vida de un ser humano en que descubre su «otro», aquella persona... »
8. _____ «Paulatinamente me fui dando cuenta de un mundo extrañamente familiar... »

9. _____ «Debí convencer a suficiente gente porque el dinero nunca me faltó,... »

10. _____ «Estoy convencido que la literatura y la música nos hacen eso:... »

B

a. «de creer que ya sabía el suficiente inglés para ir a tomar el examen de ingreso... »
b. «y si no hubiera sido por la guitarra, no me habría sido posible sobrevivir económicamente.»
c. «me hicieron sentir algo diferente.»
d. «desfilaron por mis oídos.»
e. «deleitándome principalmente con los anuncios... »
f. «que yo había admirado tanto en las películas de guerra y en las revistas.»
g. «y, a la vez, paradójicamente desconocido.»
h. «y las tiernas bendiciones de mi madre en mis recuerdos.»
i. «nos descubren quiénes realmente somos y nos muestran caminos antes ignotos.»
j. «que ha estado escondida en nosotros pero no la conocíamos hasta ese instante.»
k. «de las mismas combinaciones de letras de las ya anunciadas.»
l. «entre el ángel de la música clásica y el diablo de la flamenca.»

**Paso 2.** Compare sus respuestas con las de otra persona. Luego, comenten lo que ocurre en el cuento un poco antes y un poco después de lo que dice cada cita.

## Actividad B ¿Qué opinan Uds.?

En grupos de cuatro estudiantes, comenten las siguientes preguntas.

1. ¿Qué representaciones de los Estados Unidos se ven en los países hispanohablantes? ¿Cuáles son las más conocidas? ¿Dónde se ven y cómo se conocen? ¿Son estas imágenes representaciones fieles de este país? Expliquen.
2. ¿Qué saben Uds. del alistamiento de los hispanos en las fuerzas armadas de los Estados Unidos? ¿Conocen a alguien que haya servido o que esté sirviendo ahora en alguna de estas divisiones? Expliquen.
3. ¿Es posible vivir en los Estados Unidos y tener éxito en este país sin saber hablar inglés? Expliquen. ¿Conocen Uds. a algunos hispanos en este país que hayan logrado establecerse y a la vez tener éxito sin saber hablar inglés? ¿Quiénes son?

4. ¿Qué opinan Uds. de las fuerzas militares en general? ¿Qué piensan de la guerra?
5. ¿Ha descubierto cada uno de Uds. su «otro»? ¿Cuándo y cómo lo logró? ¿Cómo es este «otro» suyo?

## Actividad C  Un paso más

Divídanse en cinco grupos. Cada grupo se encargará de buscar información (en la biblioteca o el Internet) sobre uno de los escritores a continuación. ¿Ya conocen Uds. la obra de algunos de estos escritores?

1. Jorge Luis Borges
2. Rubén Darío
3. Federico García Lorca
4. Pablo Neruda
5. Alfonso Reyes

En la clase siguiente, los miembros de cada grupo le hablarán al resto de la clase sobre el escritor que escogieron y sobre por qué piensan que éste influyó en el autor del cuento «El otro».

# Veranos de tortura

## Cristina Juvier

Cristina Juvier *vive en Houston, Texas, donde trabaja con la compañía de energía, Enron International. Cristina nació en Coral Gables, Florida, de madre española y padre cubano. En 1993 se graduó de la Universidad de California en Berkeley, donde se especializó en Retórica. Luego estudió derecho en el Centro de Leyes de la Universidad de Houston, donde se graduó con un Doctorado de Jurisprudencia en 1997. Juvier tiene un hermano menor, Edward.*

Los veranos en Houston suelen ser largos y calurosos. La temperatura se mantiene en los altos noventa, con muchos de los días llegando a los cien grados y a veces más. Y lo peor siempre es la humedad, pesada y oprimente, que nos dejaba sudados y con cachetes rosaditos. Pero para los jóvenes, los veranos siempre representan lo mejor del año —tiempo fuera de la escuela con días llenos de juegos con los otros niños del barrio. A mí siempre me gustaba salir a montar a bicicleta, jugar en la piscina y especialmente planear y practicar coreografías de baile con los garajes sirviendo de escenario para nuestras actuaciones. A nosotros no nos molestaba el calor, ni el sudor; simplemente disfrutábamos de los días largos y llenos de diversiones.

Sin embargo, para mí, los veranos no eran solamente de jugueteo. Para decir la verdad, el verano representaba una forma de tortura que yo odiaba: las clases de español. La regla en mi casa era muy simple; no se podía salir a jugar sin haber terminado los estudios de español. Me acuerdo perfectamente de los libros: se llamaban *Senda* y eran amarillos, carmelitas y anaranjados. Llegaban justo al fin del curso cada año de España, siempre recordándome del obstáculo a mi verano divertido.

Para entender esta regla en mi casa, la cual a mí siempre me parecía completamente injusta e implementada solamente para arruinar mis veranos, hay que entender a mi mamá. Mami es española, y para colmo de males, profesora de español. Mientras el ser de España es una cualidad que trae muchísimas ventajas, como tortilla española, fabada y queso manchego, el ser profesora de español no es necesariamente una ventaja, especialmente para los hijos de la profesora. Mami además no es simplemente profesora, es una lingüista pura, amante de la Real Academia de la Lengua Española y preservadora de su idioma —en su forma gramaticalmente correcta. O sea, mientras ella sabe todos los refranes habidos y por haber, no permite ninguna forma de *slang*. Eso para ella es la destrucción del idioma.

Así que, para asegurarse de que sus hijos no aprendieran el español solamente de oído, como mucha de la gente joven hispánica hoy en día, Mami llamaba a mi tía en Madrid y le pedía que le mandara los libros que correspondían al nivel en el cual estaba yo en el colegio. Así Mami se aseguraba de que yo estudiaba el inglés durante el año escolar, y me ponía al día con el curso español durante los veranos. Los libros eran los mismos que mis primos estudiaban en España, y como Mami es profesora, era lo mismo que tener una tutora privada en casa. Pero siempre sale que la madre de uno es mucho más estricta con su hija que con un alumno desconocido.

Las lecciones empezaban por la mañana, después del desayuno. Mami me sentaba en un buró, con un lápiz y los libros odiosos. Siempre empezábamos con la lectura. A veces era un capítulo de una novela, a veces una poesía y muchas veces un cuento. La lectura siempre era de siete u ocho páginas, bien larga. Después de la lectura, yo tenía que contestar preguntas que examinaban mi comprensión de la lectura. Las preguntas siempre requerían una respuesta larga. No podía contestar simplemente «sí» o «no», tenía que poner por lo menos dos líneas. Y si a Mami no le gustaba, o le parecía poco, me hacía escribir más. Casi siempre Mami me daba un descanso después del primer libro, antes de empezar el segundo. Me tomaba un jugo, comía una merienda, y a los quince minutos, tenía que volver a los libros. Después de la merienda, empezaba la lección de gramática. Aunque ésta no me demoraba tanto como la lección de lectura, siempre era un poco más difícil. Mami me revisaba todo, y tenía que corregir mis errores. Y al fin, después de las horas de esta tortura, me daba un besito, y me dejaba salir a jugar con mis amigos, que ya se habían pasado la mañana en todo tipo de juegos.

Seguía esta rutina todos los días de trabajo, de lunes a viernes, durante todos mis veranos desde que puedo recordar hasta que empecé *high school*. Ya para esas fechas nos habíamos mudado de Houston a California, y los veranos se llenaron de campamentos, vacaciones familiares y clases particulares de música, especialmente mis clases de piano. Rápidamente me olvidé de la obligación de estudiar durante los veranos, y nunca más pensé en esas horas que en el momento eran tan odiosas, pero en las cuales aprendí tanto de mi otro idioma y de la literatura española y latinoamericana.

De hecho, no fue hasta después de graduarme de la universidad que empecé a pensar en esas lecciones de español. Al graduarme, me mudé de California para Houston para estar con mi familia. Pensaba seguir mis estudios graduados en la Escuela de Derecho. Pero como pensaba estudiar en Houston, trabajé por un año antes de poder establecerme como residente de Texas, lo cual me reducía el costo de la matrícula. Tomé un puesto ayudando a una abogada que practicaba defensa criminal. El gran porcentaje de sus clientes eran de habla hispana, así que me pasaba los días hablando español con sus clientes. Me di cuenta que aunque vivíamos en un país en el cual las leyes y las cortes eran todas en inglés, muchas de las personas que necesitaban entender las leyes y necesitaban ayuda legal solamente hablaban español. Fue en este año que empecé a acordarme de esas clases con Mami de hace tanto tiempo, y empecé a entender el gran favor que me había hecho.

Fue en este trabajo que también aprendí lo mucho que valía el poder hablar y escribir en español, no solamente para mí, sino para el mundo del trabajo. Por ejemplo, una vez la abogada tenía un caso con una firma en el sur de Texas, en Corpus Christi, ciudad con una mayoría de población hispana. Había una firma de abogados bien conocida que empleaba a muchísimas personas, y la mayoría de ellos todos hablaban español. Llegó un momento en que se tenía que traducir un documento legal al español, y en esta firma le habían pedido a lo menos veinte personas que lo tradujeran. Todas esas personas hablaban español, pero ni una podía escribir lo suficiente para hacer el trabajo de traducción. Cuando mi abogada se enteró de la situación, les ofreció a la firma que me contrataran a mí para hacer la traducción. Cuando la terminé y me pagaron, me mandaron una nota dándome las gracias efusivamente por el buen trabajo que hice. Mientras me sentí orgullosa de mi logro, me sentí triste de que en una parte de los Estados Unidos tan poblada de hispanos, había falta de personas que pudieran escribir bien el idioma. Y más que nada, también entendí la pasión de Mami en preservar el idioma en su forma pura. Si uno no practica su idioma ni lo estudia, se pierde muchísimo de lo lindo del español. No podemos dejar que el español en los Estados Unidos se convierta en un idioma que solamente se habla; tenemos que preservar lo escrito —la literatura, la poesía, las cartas de amor— todo lo que hace un idioma en el cual los humanos nos hablamos, nos comunicamos y nos unimos.

En la Escuela de Derecho, aprendí mucho de las leyes internacionales. Esta área me interesaba porque se me ocurrió que en los negocios entre compañías de diferentes países, había muchos factores que podían influir en el resultado de una negociación, incluyendo las diferencias entre las leyes, los idiomas y las culturas. Pensé que el ser hispana me daba una gran ventaja porque ya entendía dos idiomas, conocía dos culturas y estaba estudiando leyes internacionales.

Y, hasta con la gran ventaja que Mami me dio, todavía me siento que me falta mucho que aprender en español. Hasta escribiendo esta historia, hubo momentos en los cuales me costaba trabajo expresar lo que quería contar. Y eso es una situación difícil para mí. Yo soy una persona que por carrera y profesión tengo que expresarme por escrito y por hablado más que la persona común y corriente. Y en inglés, las palabras me vienen tan fácilmente, casi inspiradas. Si hubiera escrito esto en inglés, me hubiera demorado poquísimo tiempo, y el relato hubiera sido muchísimo más elocuente. Me frustra que tengo que batallar con el español. Cuando hablo o escribo, tengo que estar pensando mucho en lo que estoy diciendo para no meter la pata y decir una barbaridad. Aunque me considero una persona bilingüe, yo sé que el inglés es mi idioma fuerte. Lo que quisiera es que el español me fuera tan fácil como el inglés. Lo bueno de la base que me dio Mami es que tengo suficiente conocimiento como para poder hablar y escribir bien el español y lo suficiente para entender lo que es el idioma y apreciar lo lindo que es el español.

De hecho, ya le he dicho a Mami, que cuando llegue el día que yo tenga mis propios hijos, pienso mandárselos a ella todos los veranos para que ella les enseñe el español de la misma manera que me lo enseñó a mí. Mami se ríe cuando le digo esto, y me recuerda lo mucho que protesté cuando era pequeña. Y tiene razón. En aquel momento, esas clases eran lo peor que pudiera haber hecho durante los veranos. Pero ahora pienso que esas horas me mostraron el mejor regalo que una madre le puede dar a un hijo —el aprecio por su idioma. Espero que mis hijos me perdonen cuando sean adultos por las horas de tortura que pasarán en las manos tan capacitadas de Mami.

# COMPRENSIÓN Y OPINIÓN

### Actividad A ¿Qué dice la narradora?

Conteste las preguntas a continuación.

1. ¿Cómo eran los veranos de la narradora comparados con los de otros niños?

2. ¿Qué características poseía la madre de la narradora que influyeron en los veranos de ésta?
3. ¿Cómo era la rutina diaria de la narradora durante los veranos? Descríbala brevemente.
4. ¿Qué efecto tuvo en la narradora la experiencia con la abogada en Houston?
5. ¿Por qué era tan difícil encontrar un buen traductor en Corpus Christi?
6. ¿Qué opina la narradora de su propio conocimiento del español?
7. ¿Cómo ha cambiado la opinión de la narradora sobre las clases de verano?
8. ¿Qué opina la narradora sobre el español en los Estados Unidos?

## Actividad B ¿Qué opinan Uds.?

En grupos de cuatro estudiantes, comenten las siguientes preguntas.

1. ¿Qué opinan Uds. sobre la necesidad de aprender español?
2. ¿Tienen Uds. algún motivo en particular para estudiar español? Expliquen.
3. Para Uds., ¿qué diferencia hay entre expresarse en inglés y expresarse en español?
4. ¿Creen que un idioma tenga una forma «pura» y que sea necesario preservar esta forma? ¿Por qué sí o por qué no?

## Actividad C Un paso más

**Paso 1.** Divídanse en dos grupos, uno de éstos para defender cada uno de los temas a continuación.

1. el español en los Estados Unidos crecerá
2. el español en los Estados Unidos desaparecerá

Comenten con los miembros de su grupo las ideas que usarán para defender su punto de vista.

**Paso 2.** Ahora comiencen el debate, defendiendo su punto de vista. Su profesor(a) puede servir de moderador(a).

# $\mathcal{U}$na marcalina en California

## Olga Marina Moran

Olga Marina Moran *nació en Marcala, Honduras. Actualmente es profesora de español en Cypress College, California, donde también ha ocupado la posición de coordinadora del Departamento de Lenguas Extranjeras. Recibió su licenciatura en Lingüística de la Universidad Estatal de California, Long Beach, y su maestría en Lingüística y Literatura Hispanas de la misma universidad. Ha dado varios talleres y ponencias sobre la enseñanza del español. También ha servido de directora del programa de verano en España.*

**M**e siento afortunada de tener la oportunidad de contar un poco la historia de mi vida en este país con la esperanza de que inspire a los jóvenes a salir adelante y que logren la meta que se proponen tal como yo lo he logrado con perseverancia y empeño.

Mi nombre es Olga Marina Moran, y soy originaria de Marcala, un pueblo pequeño en las montañas de Honduras, Centroamérica. En Honduras el sistema educativo es tal que, después del sexto año de escuela secundaria, ya se puede lograr el título de perito mercantil, maestro de educación primaria o de bachiller. Así que a los diecisiete años de edad yo ya era maestra y a los dieciocho estaba enseñando a los alumnos de quinto grado. El salario al

**31**

principio de los años sesenta era una miseria y no veía yo ningún futuro en aquel pueblito.

Doña Tanchito de Alcerro, oriunda de Marcala pero que ya estaba establecida en California, llegó a visitar a su familia y entonces yo le pedí que me ayudara para venirme a California. Mi vida en el hogar no era muy feliz, mis padres no se llevaban bien. Mi santa madre Virginia era una mujer muy dulce que necesitaba la atención de mi padre Ezequiel, pero él no se la daba y siempre había discordias en el hogar. Siendo yo hija única del matrimonio reconozco el gran sacrificio de mi madre al permitirme separarme de ella, pero ella sabía que yo tenía que salir de Marcala y gracias a su valor y apoyo me sacó la documentación necesaria y me dio su bendición para que me viniera. Por medio de doña Tanchito encontré apoyo y llegué a California donde tuve la oportunidad de inmersión total en inglés. Asistía a clases de inglés en las cuales aun en el recreo nos supervisaban para que no se hablara el idioma nativo; habíamos estudiantes de todas partes del mundo. Esto fue una experiencia dura para una jovencita sin familiares en este país, sin saber el idioma, sin mucho dinero y sin mucha experiencia.

Sin embargo a los seis meses de estar en este país yo ya estaba solicitando empleo y haciendo las entrevistas en inglés. Una buena amiga, Rosemarie Rolman, me ayudaba, llevándome a las entrevistas y haciéndome las posibles preguntas y entrevistas en inglés. Practicábamos: «How do you do, Mr. Smith?», «I live in West Los Angeles», «I am nineteen years old», «I am from Honduras», etcétera. ¡Qué suerte! Encontré trabajo en Pacific National Bank y la persona que me tenía que entrenar hablaba un poco de español. Aunque no era permitido hablar idiomas extranjeros en los empleos en ese entonces, ella me explicaba en español cuando no nos oían los demás. Con sólo seis meses de inglés intensivo, me defendía un poco en el idioma, pero necesitaba aprender el *lingo* bancario y a manejar máquinas de computación, lo que logré con mucha perseverancia y empeño. Las horas de trabajo eran largas, se trabajaba hasta que se completaba el trabajo aunque saliéramos cuando ya estaba oscuro y después tenía que tomar el autobús y llegar a mi apartamentito a prepararme algo de cenar antes de salir a tomar clases ofrecidas por el banco.

En la oficina una chica americana buscaba compañera de apartamento y así conocí a Julie, una linda gringuita de San Diego. Las dos éramos pobres pues nuestros sueldos apenas cubrían el alquiler y los gastos de servicios. Yo además trataba de mandar dinero a mi madre para sacar una casa de un embargo. Nunca olvidaré como mi gran amiga Rosemarie Rolman llegó a visitarme y cuando vio que no tenía provisiones, se fue al supermercado a comprarme algunas cosas. Ahora que pienso en mi situación en esa época reconozco que todo mi mundo consistía en total inmersión en inglés y quizás gracias a ese sacrificio he logrado salir adelante. Estoy convencida por mi propia experiencia que al llegar a este país todos debemos aprender el idioma para desplazarnos con confianza y seguridad. Al principio de los años sesenta la población hispanohablante en el sur de California no era tan numerosa. Para mí, encontrarme con alguien que hablara español era una ocasión de júbilo.

Después de un año de vivir en este país ya había ahorrado suficiente dinero para traer a mi madre y alquilarnos un pequeño apartamento. Mi madre vio como yo vivía y las comodidades que tenía a pesar de sólo contar con veinte años. Fue para mí una bendición haberla traído a que pasara medio año conmigo porque dos años después ella falleció. Con esta pérdida decidí volver a Honduras y tratar de quedarme allá. Siendo que ya era bilingüe no tuve dificultad en encontrar trabajo, ya que las compañías en Honduras buscaban empleados que hablaran inglés y español. Aunque los sueldos eran siempre miserables, por lo menos tenía trabajo para mantenerme viviendo en Tegucigalpa, la capital de Honduras. Allí encontré el apoyo de mis otras grandes amigas Mirna y Eleonora Larios, con quienes viví mientras permanecí en Tegucigalpa.

Para poder mantener mi estado de residente norteamericana con la tarjeta verde en los Estados Unidos tenía que pisar el suelo de un puerto estadounidense cada año. Con esto en mente logré conseguir la posición de aeromoza para la compañía SAHSA, aerolíneas hondureñas. Ese trabajo me permitía llegar a los puertos de entrada y así cumplir con el requisito del gobierno americano. Yo era muy joven y me encantaba viajar y volar, además como podía hablar en inglés para decir los anuncios, la compañía me apreciaba. Pero una mañana de un lunes después de casi completar un vuelo doméstico de ida y vuelta de San Pedro a Tegucigalpa, el avión DC-3 tuvo problemas en el aterrizaje. Los frenos del avión no funcionaron y el avión continuaba a gran velocidad que no alcanzó a pararse dentro de la pista. Se salió de la pista y viró haciendo finalmente la parada fuera de la pista en donde el piloto maniobró para que no se fuera a una cuneta. Sin embargo, el esfuerzo fue inútil porque el avión terminó en la zanja. Yo me acababa de quitar el cinturón de seguridad para hacer el anuncio de la llegada. Siendo que el avión paró tan repentinamente, yo me había caído y los pasajeros estaban pasando sobre mí desesperados y buscando la salida. Me incorporé cuando pude y traté de salir por la puerta abierta, pero las llamas estaban en frente y tuve que hacer la decisión de saltar sobre las llamas, calculando llegar al otro lado, o volver a la parte trasera de la nave a buscar otra salida. Dios estaba conmigo protegiéndome porque de no haber sido así, posiblemente habría caído en las llamas.

En medio del caos me sentía responsable por la seguridad de los pasajeros, pues acababa de terminar el entrenamiento y eso estaba muy inculcado en mi mente. Aunque la situación era apremiante y catastrófica, tuve la claridad en la mente de tratar de abrir una ventanilla de emergencia y lo logré. Comencé a despachar a personas por aquella estrecha ventanilla, casi empujadas a que saltaran unos ocho metros de altura de la ventanilla al suelo. Alguien me dio a un bebé que tomé en un brazo y me tiré, cayendo sobre la muñeca de la mano izquierda que fue quebrada al impacto. El bebé no sufrió ningún daño y se lo entregué a su agradecida madre quien se había lanzado anteriormente y ya estaba en tierra firme. Hubo muertos y quemados. Mis familiares leyeron en el periódico al siguiente día que Olga Marina Castañeda había fallecido en el accidente del avión, pero quien había muerto era otra aeromoza que llevaba el mismo uniforme y por eso nos confundieron. Ella se había lanzado tratando de evadir las llamas pero, desafortunadamente, no lo logró.

He contado este incidente porque fue la causa principal para que yo volviera a los Estados Unidos. Estaba desilusionada con Honduras y deprimida por el accidente. Regresé al trabajo que había dejado en el banco. Había sido una empleada dedicada y los jefes lo reconocieron, así que inmediatamente me dieron mi viejo empleo. Volví a la rutina de trabajar e ir a la escuela, seguí tomando clases bancarias y clases de inglés. Siempre he sido firme creyente de aprender siempre que hay oportunidad. Creo que cuando estamos tomando clases, para aprovechar el tiempo debemos de poner todo nuestro empeño porque al no hacerlo, solamente nos perjudicamos a nosotros mismos.

Una noche mientras mis amigas y yo estábamos en un lugar donde había música internacional conocí a un americano guapo y simpático. Nos miramos con la mirada que es amor a primera vista. Lo demás es historia. Ron Moran y yo nos casamos y tuvimos dos hijos, Shairi y Michael. Compramos una casita en Huntington Beach, dejé el empleo del banco para dedicarme al hogar y a la familia, y empecé a hacer trabajos de artesanía para mantenerme activa y productiva. Mi nuevo estilo de vida me mantenía muy ocupada, pero siempre pensaba en obtener un grado universitario algún día. Me propuse la meta de alcanzar una carrera y profesión en este país para poder competir en el mundo fuera de mi hogar.

Hubiera sido mucho más fácil quedarme en casa ya que mi esposo proveía lo necesario. No obstante, ya cuando nuestro hijo menor Michael podía ser admitido en una escuela de párvulos a los tres años yo también comencé a asistir a un *community college*. Me costó varios años en completar el A.A., pero ése fue el primer paso de mi carrera profesional. Mientras empecé mis primeros pasos académicos, yo estaba criando a dos niñitos. Gracias al apoyo de Ron, mi esposo, y su buen sentido del humor, tuve el lujo de asistir a clases de acuerdo con el horario conveniente para mi familia y para todos mis quehaceres domésticos. Después pasé a la universidad de Long Beach donde saqué el B.A. Entonces mis intenciones eran de enseñar en una escuela secundaria y postulé para hacer mi práctica en una escuela local. Esto consiste en enseñar por medio año bajo la supervisión de un profesor mentor pero sin ninguna remuneración. La universidad da créditos para una credencial y además es una magnífica experiencia para un maestro.

Fue con esta experiencia que decidí continuar con mi educación porque para enseñar en un *community college* se requiere como mínimo la maestría. Mi experiencia de práctica en la escuela secundaria no fue lo que yo había imaginado —mis valores son quizás anticuados y espero respeto de los estudiantes tal como yo se lo doy a los estudiantes. Así me di cuenta de que en las escuelas secundarias los profesores no deben ni sonreír en las primeras semanas de clase para que los estudiantes los tomen en serio. Yo estaba ansiosa por hacer un buen trabajo y dar una buena impresión a mi mentor, el Sr. Mañion. Sin embargo, me pareció que los detalles de escribir los pases de los estudiantes, llamar a los padres de familia, consultar con el director de la escuela y constantemente hablar con los estudiantes acerca de la disciplina tomaba demasiado tiempo que se podría aprovechar en instrucción o preparación de las clases. Por lo tanto hice mi decisión de seguir estudiando para algún día alcanzar mi meta y enseñar en una universidad.

Creo firmemente que todos somos responsables por nuestro propio aprendizaje y lo importante es perseverar porque, al fin de cuentas, cada cual es el autor de la expansión de sus conocimientos. No lo son nuestros profesores, que solamente facilitan el proceso y proveen la información necesaria. Pero para que haya aprendizaje como estudiantes no podemos ser pasivos sino participantes activos en la adquisición de conocimientos igual que en nuestras vidas. Con esta filosofía emprendí mis cursos graduados. Eso fue lo que yo hice y lo que ahora espero que hagan mis estudiantes. Todos tenemos la capacidad de progresar si nos damos la oportunidad.

Regresé a la universidad en Long Beach a continuar con la maestría, y mientras estudiaba y criaba a mis dos hijos también enseñaba cursos de principiantes. Esto fue excelente para mi carrera porque adquirí experiencia y encontré la profesión que adoro. Me siento dichosa de hacerme la vida con un trabajo que me encanta. Los estudiantes en los *community colleges* son generalmente un grupo excelente y me inspiran cada día a que haga lo mejor que puedo.

Al terminar la maestría pasé a la Universidad de California en Irvine, donde completé los cursos graduados para el doctorado. Tuve la fortuna de que cuando estaba tomando ya mi antepenúltimo curso para completar el programa apareció la posición de permanencia en Cypress College y logré obtenerla.

Después, regresé a terminar mi última clase. Sin embargo, ya habiendo dejado pasar algún tiempo de ser estudiante, perdí el interés en completarlo todo. Siempre me molestó no terminar completamente porque mi filosofía ha sido «no dejar las cosas a medio palo» y de siempre poner nuestro mayor esfuerzo en lo que nos proponemos.

Que sirva ésta mi experiencia a aquellos estudiantes que se sienten al borde de dejarlo todo porque ya están cansados y agobiados por el mucho trabajo para decirles que hay que perseverar y tratar de completar sus metas cuando se está en la arena del estudio porque, al dejar lapsos de tiempo, hacen más difícil la labor. Siendo que yo ya tenía mi empleo de profesora asegurado, me concentré en hacerlo lo mejor de que yo era capaz y en poco tiempo después de obtener la permanencia fui electa como la coordinadora del Departamento de Lenguas Extranjeras. Empecé a pertenecer a comités tal como el comité multicultural, el *Academic Senate*, consejera para clubes, organizadora del programa de verano en España, iniciadora del curso de español para hispanohablantes e iniciadora de las clases de *honors* en el departamento. El programa de verano en España es algo de lo que estoy muy orgullosa porque los estudiantes que participan logran abrirse horizontes, crear interés y hasta cierta fascinación con culturas hispánicas que los inspirará a continuar con el estudio del español y continuarán llevando consigo la experiencia de la clase en el futuro.

Mis éxitos no son demasiado extraordinarios, pero sí son el producto de perseverancia y dedicación. Estoy establecida en mi profesión, contenta de contar mi historia con la esperanza de que los estudiantes lectores reciban inspiración y continúen estudiando hasta llegar a ser lo que quieran.

---

# COMPRENSIÓN Y OPINIÓN

## Actividad A  ¿Qué dice la narradora?

Para cada una de las declaraciones que siguen, hay una respuesta incorrecta. Indique cuál es.

1. El sistema educativo en el pueblo de Marcala era diferente del de los Estados Unidos y por eso _____.
   a. se puede conseguir un título al terminar el sexto año
   b. a los diecisiete años la narradora ya era maestra
   c. es difícil obtener trabajo en Tegucigalpa
2. Con sólo seis meses de inglés intensivo, la narradora _____.
   a. empezó sus estudios en una institución postsecundaria
   b. consiguió trabajo en el Pacific National Bank
   c. se defendía un poco en su nuevo idioma
3. Al principio de los años sesenta _____.
   a. la población hispanohablante en el sur de California era menos numerosa que hoy

**b.** la narradora conoció a su futuro marido

**c.** la narradora se llenaba de júbilo al encontrarse con una persona que hablara español

4. Después de la muerte de su madre, la narradora volvió a vivir a Tegucigalpa, donde _____.
   **a.** siendo bilingüe no es difícil encontrar trabajo
   **b.** ganaba buen dinero como profesora universitaria
   **c.** vivió con dos grandes amigas

5. Mientras la narradora trabajaba de aeromoza _____.
   **a.** una vez al avión le fallaron los frenos y hubo un trágico accidente
   **b.** la aerolínea la apreciaba mucho porque podía hacer los anuncios en dos idiomas
   **c.** tuvo que renunciar a su residencia legal en los Estados Unidos

6. Cuando la narradora se matriculó en el *community college* para continuar sus estudios _____.
   **a.** su hijo Michael ingresó a la escuela primaria
   **b.** recibió el apoyo que necesitaba de su esposo
   **c.** aprovechó el tiempo libre para quedarse en casa y adelantar sus lecturas

7. Su experiencia enseñando en la escuela secundaria no fue lo que la narradora esperaba puesto que _____.
   **a.** no recibió el respeto de los estudiantes que mereció
   **b.** tuvo problemas con el director de la escuela
   **c.** los detalles disciplinarios le robaban demasiado tiempo a la enseñanza

8. La narradora piensa que de verdad se aprende cuando _____.
   **a.** somos autores de nuestro propio destino
   **b.** los profesores facilitan el aprendizaje y proveen suficiente información
   **c.** los estudiantes participan activamente en la adquisición de conocimientos

9. La narradora se siente muy feliz de haber escogido ser profesora en un *community college* porque _____.
   **a.** no le perjudica el no haber terminado su doctorado
   **b.** sus estudiantes la inspiran cada día
   **c.** verdaderamente le encanta su trabajo

10. Después de obtener la permanencia como profesora, la narradora _____.
    **a.** fue elegida como coordinadora del departamento de lenguas extranjeras
    **b.** se mudó a España para dirigir el programa de verano
    **c.** inició el curso de español para hispanohablantes

## Actividad B  ¿Qué opinan Uds.?

En grupos de tres o cuatro estudiantes, comenten los siguientes temas.

1. ¿Es diferente el hecho de sentir que no hay ningún futuro en el pueblo, ciudad, país, etcétera, donde uno vive cuando ese lugar está en Latinoamérica? ¿Cómo se compara ese sentimiento con la vida en este país?
2. Comenten la seriedad de algunos problemas como la falta de disciplina, la falta de respeto de los estudiantes, el tiempo perdido en obligaciones extracurriculares, etcétera, en las escuelas secundarias de los Estados Unidos.
3. Describan el papel de algunos hispanos en ayudar a sus amigos que viven en Latinoamérica a venir a los Estados Unidos y establecerse aquí.
4. Comenten la importancia de que todos los inmigrantes a los Estados Unidos, y los hispanos en particular, aprendan inglés.
5. Por muy poco dinero que una persona gane o tenga en los Estados Unidos, a menudo les parece que es mucho a personas de otros países. Expliquen.
6. Comenten las dificultades y los obstáculos en obtener y mantener la tarjeta de residencia en los Estados Unidos, particularmente para los hispanos.

## Actividad C  Un paso más

**Paso 1.** ¿Es realmente una ventaja ser bilingüe en el mundo de los negocios y cuando se trata de encontrar trabajo? Busque todos los empleos ofrecidos a las personas bilingües en la sección de anuncios clasificados del periódico del lugar donde Ud. vive. ¿Son más de lo que Ud. pensaba o son menos? ¿A qué se atribuye esto?

**Paso 2.** En grupos de cuatro estudiantes, comenten lo que aprendieron de este ejercicio. ¿Vale la pena ser bilingüe cuando se trata de los empleos? ¿Por qué sí o por qué no? ¿Vale la pena ser bilingüe en términos generales? ¿Por qué? ¿Hay ciudades o estados donde tiene más importancia (o menos importancia) el hecho de ser bilingüe?

# Tarjetas de identidad

## Ana María Pérez-Gironés

Ana María Pérez-Gironés *nació en España en 1962. Llegó a los Estados Unidos en 1985 para estudiar en la Universidad de Cornell, universidad de la cual sacó la maestría en Lingüística. Actualmente, enseña español en la Universidad de Wesleyan en Middletown, Connecticut, y encabeza el CTW Mellon Project for Language Teaching and Technology. Es coautora de* Puntos de partida *y* ¿Qué tal? *(ambos McGraw-Hill) y otros materiales pedagógicos.*

En cierta manera, mi vida se parece a lo que yo soñaba de pequeña: vivo felizmente en los Estados Unidos casada con un americano de ojos azules. Lo diferente es que ni mi marido es policía en California ni yo me paseo por el mundo en *jet* como azafata. Y lo que sería una peor desilusión infantil: ¡ni siquiera he visitado todavía Disneylandia! Bromas aparte, mis expectativas de ingenua preadolescente reflejan una realidad generalizada en todo el mundo, que es que, para bien y para mal, los Estados Unidos han exportado a través de sus series y películas una imagen estereotípica y polarizada de lo que puede ser la vida en este país. No en vano, yo, como todos los niños que conozco, pasé innumerables horas frente al televisor mirando programas americanos (alguien me dijo una vez que Televisión

Española compraba al kilo las películas viejas, ahora conocidas como *classics*, una información que me parece muy posible y alguna vez me encantaría poder confirmar).

Afortunadamente, hubo otros factores que me proporcionaron una información mucho más equilibrada sobre los Estados Unidos antes de que yo pusiera mis pies en este territorio. Hice la carrera de filología inglesa en Sevilla, mi ciudad natal, pues desde el colegio había desarrollado pasión por el inglés. Con mi aprendizaje del inglés, vino un creciente interés por la literatura, que derivó eventualmente a una fascinación por la literatura escrita en los Estados Unidos. Mi carrera de filología además me dio la oportunidad de conocer a algunos americanos mientras éstos estudiaban en Sevilla. Dos de ellos, con quienes yo intercambiaba práctica de inglés por español, se cuentan hoy, después de quince años, entre mis amigos más íntimos. Y así, por todos estos factores, cuando llegué a los Estados Unidos, sentí que en cierta forma, ni el país ni la gente me eran desconocidos. Es más, me eran inmensamente atractivos.

Vine a los Estados Unidos en 1984 por primera vez, por un mes, a casa de unos amigos, para practicar inglés. Era el verano antes de mi quinto y último año de universidad en Sevilla, y yo necesitaba mejorar mi habilidad oral. Visité Boston, Nueva York y Vermont, lugares que me encantaron y que me dejaron el ansia de conocerlos mejor. Volví a Sevilla con el fuerte deseo, o casi obsesión, de regresar a los Estados Unidos por más tiempo, a ser posible para estudiar, o en el peor de los casos como *au pair*. En realidad, ésa no era la primera vez que yo intentaba venir a los Estados Unidos por un largo período de tiempo: cuando tenía quince o dieciséis años intenté, sin éxito, conseguir una beca para pasar un año escolar en los Estados Unidos con uno de esos programas de intercambios durante la escuela secundaria. Como mi familia nunca dispuso de medios suficientes para mandarme a estudiar aquí (ni a ningún sitio), sin haber obtenido algún tipo de beca, yo nunca habría tenido la posibilidad de estudiar en los Estados Unidos. El día que me rechazaron para aquella beca, entré en mi casa cabizbaja y mi madre me recibió con un llanto mezclado de alegría y de resignación. Aunque ella no iba a perderme inmediatamente, ya había decidido en esa experiencia que el que yo me fuera lejos de casa iba a ser cuestión de tiempo, pues era evidente que yo le había salido aventurera. Como se ve, el tiempo le dio la razón.

Esta imagen de «aventurera» es contradictoria para mí. Realmente, yo no me veo aventurera en absoluto, más bien todo lo contrario, timorata y poco atlética (una de mis mayores vergüenzas es no saber montar en bicicleta). Sin embargo, es verdad que busqué con ahínco la oportunidad de volver a los Estados Unidos y cuando llegó no dudé en aprovecharla ni un segundo. La despedida de mi familia fue dura, pues yo nunca había vivido sin ellos. De hecho, separarme físicamente de los míos en España sigue siendo un acto extremadamente doloroso, que he aprendido a dominar con los años, evitando pensar en la separación hasta el último minuto.

La oportunidad de estudiar en los Estados Unidos me la brindó una beca que acababa de instituir la universidad de Cornell para dos recién licenciados sevillanos, a cambio de que un grupo de estudiantes subgraduados de Cornell pudiera matricularse en los cursos normales de la Universidad de Sevilla. En realidad no era exactamente una beca de estudio, sino que el arreglo me obligaba a enseñar español a cambio de un estipendio y matriculación gratis. En otras palabras, yo vine como *T.A.* de español. Y ése fue el comienzo de mi desarrollo profesional como profesora de español en los Estados Unidos. Antes de eso yo quería ser profesora de inglés en España. Al final, tuve un cambio de lenguas en el plan, pero me quedé con la misma profesión.

A esas alturas de mi vida (tenía 23 años), California había dejado de ser el paraíso terrenal de Hollywood y policías que yo soñaba de pequeña, y la Costa Este me resultaba muy atractiva. A pesar de eso, Cornell resultó estar en un lugar mucho menos urbano y mucho más frío de lo que una sevillana callejera como yo podía desear. Cuando me enteré de que mi beca me mandaba a Ithaca, Nueva York, me imaginaba en Manhattan casi todos los fines de semana. La realidad fue muy diferente, pues como Ithaca está a más de seis horas en autobús de Nueva York y yo era bastante pobre, en todo mi primer año en Cornell, solo conseguí ir a Nueva York dos veces. Además, fue mi primera experiencia de frío auténtico, y tras la excitación de la primera nevada, la nieve se convirtió en una ineludible molestia que duró demasiados meses. Para abril, los árboles seguían sin hojas, y yo me moría por el sol.

Sin embargo, la experiencia universitaria en Ithaca me impactó de inmediato, y supe muy pronto que un año estudiando en los Estados Unidos no iba a ser suficiente. Nunca había estado rodeada de tanta gente de tantos países diferentes, ni con tantos intereses tan diversos. La biblioteca de Cornell me daba euforia: las bibliotecas universitarias que yo conocía de España estaban llenas de restricciones en cuanto al número de libros que se podía sacar y cuánto tiempo podía tenerlos; además sólo podía tocar los que les pedía a los bibliotecarios. En la biblioteca de Cornell me podía perder durante horas, mirando y toqueteando libros para regresar a casa con más de los que podía cargar y quedármelos todo el semestre. Y finalmente estaba la excitación de vivir independiente de mi familia. Esto, que parece una cosa inevitable para la mayoría de los universitarios americanos, no es una opción normal en mi país. Los jóvenes españoles van a la universidad más cercana a sus hogares familiares, que suele estar en la misma ciudad. Además, como es difícil encontrar trabajo, la posibilidad de vivir independiente mientras estudia no es muy común, pues la mayoría de las familias no pueden costearles a sus hijos alojamiento independiente durante los cinco años de carrera.

Para final del año académico de la beca, yo ya había entrado en el programa de maestría en Lingüística General en Cornell, y sabía que volvería en el próximo semestre de otoño.

Ése fue también el año que conocí al «gringo» (en España lo llamaríamos «yanqui») de ojos azules que hoy es mi marido. Él y los estudios de lingüística en Cornell cambiaron el curso de mi vida, y para cuando me di cuenta, tres años después de llegar con la beca para un curso académico, yo tenía un trabajo de profesora de español y estaba casada con Kurt. Más de una vez me han preguntado si la decisión de venir y quedarme en los Estados Unidos fue difícil. Pero yo no soy consciente de haber tomado ninguna decisión de tamaño calibre, nada que se compare a los millones de inmigrantes que, a lo largo de la historia estadounidense, han abandonado su lugar de origen en busca de un futuro mejor, sabiendo que pasarían años o quizá toda la vida antes de que pudieran volver a su país natal y ver a sus familiares. Yo sólo tomé pequeñas (quizá no tanto) decisiones: estudiar para la maestría en Cornell en vez de volver a España, seguir con Kurt porque nos queríamos, buscar un trabajo porque necesitaba el dinero, casarme... La consecuencia a largo plazo de todas esas decisiones, mi permanencia indefinida en los Estados Unidos, debía ser obvia para cualquiera. Pero yo estaba demasiado ocupada tomando mis pequeñas pero imponderables decisiones para pensar en los próximos veinte o cuarenta o sesenta años de mi vida. Ese futuro lejano era algo que estaba en el fondo de mi mente, que aparecía en superficie de vez en cuando y me mareaba de golpe, hasta que otros pensamientos más concretos conseguían retomar la primera plana. Creo que lo que me hizo tomar conciencia plena y total de la consecuencia de mis recientes decisiones fue el peso del anillo de bodas en mi dedo anular. La delgada banda de oro me convenció unas semanas después de la boda, de que estaba construyendo un hogar y una vida lejos de España, y que de esta situación sólo saldría con dolor y tristeza, pues significaría que mi hogar había fracasado. *I was home!*

«*Home*/Hogar» tienen significados complejos para mí hoy en día. España es *home*, pero Connecticut es *home, home*. Lo que intento decir es que España sigue siendo mi país, mi hogar ancestral, pues realmente yo no me siento «americana». Yo tenía 23 años cuando vine a los Estados Unidos y dejé a toda mi familia detrás, donde aún siguen. En Sevilla están mis amigos de siempre, mis colegios, mi universidad, mi barrio... Me quedó esa pequeña incógnita de qué habría ocurrido si hubiera vuelto después del primer año en Cornell: entonces me veo como a mis amigos sevillanos, con vidas no muy diferentes de la mía, excepto por el lugar donde vivimos. Supongo que esto puede parecer bastante similar a la situación de cualquier persona que se fue a vivir a otro país. Pero, como dije antes, yo no vine con intención de cambio permanente, yo no «emigré» conscientemente, y tengo ese sentimiento de ser peón del destino, como antes intenté describir. Cuando vuelvo a Sevilla en mi peregrinación anual, me reciben todas las percepciones sensoriales de olores, sabores, luces, imágenes y sonidos que son tan entrañablemente familiares. Yo siento y conozco mi país como siento y conozco mi lengua española: con todo mi ser, sin que tenga mucho que ver con la razón. Y aunque daría cualquier cosa por poder ver a mi familia con más frecuencia, de alguna manera me reconforta pensar que ellos siguen en mi tierra, porque me da la sensación de que así mis raíces están intactas. Creo que este sueño que tuve cuando llevaba menos de dos años en los Estados Unidos explica mis sentimientos. Soñé que toda mi familia había dejado Sevilla para venir a vivir a los Estados Unidos, y aunque yo trataba de convencerles de que las cosas no eran tan fáciles para los inmigrantes, ellos estaban seguros de que era lo mejor para todos. En el sueño, yo sabía que mi angustia no era tanto por el porvenir económico de la familia, sino porque al estar todos en este país yo perdía la razón principal para volver a mi hogar original, y que de esa manera mis raíces se truncaban.

Sin embargo, he ido descubriendo con los años que se puede pertenecer a más de un lugar, y ahora yo también pertenezco a los Estados Unidos. Quizás debería decirlo de otra manera: los Estados Unidos también me pertenecen, pues yo me siento parte de la fibra humana de este país. Aquí está mi «hogar»: la casa que Kurt y yo hemos comprado con nuestros sueldos, el trabajo que tanto me satisface, los «nuevos» amigos que comprenden quién soy yo hoy día, mis causas políticas,... Éste es el país de mi marido y de su familia, que me ha aceptado como una hija más, lo cual me da «membresía» americana. Y como no, está David, mi hijo, el tronco que Kurt y yo hemos creado para unir nuestras raíces individuales. Si David nació aquí y ya sabe que vive en «Middletown, Connecticut», ¿cómo podría no ser éste mi hogar?

Lo que yo quiero decir con todo esto es que ahora yo siento una «rebujina» de cariños, lealtades y pertenencias. Lo bueno es que estas cosas tienen una capacidad inigualable de expandirse ilimitadamente: el querer a algunas personas no nos impide empezar a querer a otras personas nuevas que van llegando a nuestra vida. Lo mismo se aplica a los lugares. A cada uno de mis países lo quiero por cosas diferentes y me provocan nostalgias diferentes, pero ambos son parte de mí igualmente. Esto puede resultar en cierta esquizofrenia de vez en cuando. Cuando estoy en España a menudo me convierto en ferviente defensora de los Estados Unidos y su gente del muy extendido sentimiento «anti yanqui»: defiendo que los españoles critican sin saber bien de lo que hablan, que están juzgando estereotipos, y que los Estados Unidos no es el vacío culinario e intelectual que muchos quieren imaginar en el resto del mundo. Por otro lado, aquí en los Estados Unidos me encuentro con frecuencia intentando convencer a algunos de que, por ejemplo, ni España es Jauja ni que en los Estados Unidos las condiciones laborales ni el nivel de vida son siempre mejores.

La verdad es que me encanta esta esquizofrenia, porque me ha debilitado enormemente la tendencia a ver el mundo en blanco y negro, en bueno y malo y en «ellos» y «nosotros». Ésta es una lección invaluable, y estoy convencida de que la tolerancia y la flexibilidad para ver las infinitas caras sociales de nuestro planeta sólo se puede aprender saliendo de nuestro pequeño nicho original donde no tenemos que entender para funcionar porque nos guía nuestro instinto y nuestra intuición de nativos. Esta lección la he aprendido en los Estados Unidos y me ha enseñado mucho sobre quién soy yo.

Yo no tenía una conciencia de identidad antes de venir a los Estados Unidos. Esto es un poco exagerado, pues nadie carece de ciertas maneras de identificarse como parte de un grupo. En España yo tenía identidad regional, política, de clase, de equipo de fútbol favorito, de carrera, etcétera. Pero no sabía nada de identidad racial ni cultural. Lo cual ahora me resulta sorprendente, pues en España ha existido durante siglos una minoría gitana que tiende a ser terriblemente ignorada.

Mi primera «lección» (más bien *shock*) ocurrió en el vuelo que me traía por primera vez a los Estados Unidos. Mi tarjeta de inmigración me pedía que me definiera «racialmente», lo cual yo hice rápidamente, pues encajaba con la primera categoría: *Caucasian, of European origin.* Pero para mi asombro y posterior dilema, un poco más adelante existía la categoría de *Hispanic,* la cual también me parecía como perfecta. En aquella ocasión, la duda se resolvió porque de las explicaciones de las categorías en la planilla se desprendía que si yo era caucásica europea, no podía ser *Hispanic* por no haber nacido en un país latinoamericano. Desde luego eso no tenía nada que ver con mi concepción de ser «hispana», pero como yo era turista debía hacer lo que me pedía el formulario.

A medida que vivía más en los Estados Unidos, la cuestión de mi identidad cultural/racial se fue complicando. Para mí no había duda de que yo era «hispana»: hablo español como lengua materna y vengo de un país donde se habla español (¡pero si «hispano/a» viene de «Hispania», que es el nombre en latín del que derivó la palabra «España»!). Además están esas cosas indefinibles (y a veces estereotípicas) que me hacen sentir cerca de otros hispanos, sean de donde sean: comidas, música, temperamento, lenguaje corporal, yo qué sé qué cosas más. En los Estados Unidos descubrí que mi variedad de castellano a veces está más cerca de las variedades caribeñas que de las del resto de mi propio país: como andaluza, yo me como todas las eses, a veces seseo (toda mi familia es seseante), y uso ciertas palabras que no se usan en el resto de España (como «habichuela» en vez de «judía»). Desde muy pronto tras llegar a Cornell, vi que, tras la identificación como española, mi identificación como hispana me definía muy bien, pues mi lengua nativa me hacía formar parte de una gran comunidad que claramente se destacaba de la masa angloparlante predominante. Y lo que es más importante, yo me siento a gusto como parte de esa comunidad.

Esto no quiere decir que yo comprenda todas las vivencias de todos los hispanos de este país, ni mucho menos. Por el contrario, soy muy consciente de no haber sufrido discriminación (quizás haya sufrido rechazo alguna vez por mi acento, pero nada que me afectara ni emocionalmente ni profesionalmente) y esto me separa de la experiencia en este país de muchos otros hispanos, que son identificados por el color de su piel. Pero la piel no establece la identidad hispana. Yo defiendo mi pertenencia a la comunidad hispana en este país, porque nos define nuestra lengua familiar y aspectos comunes de nuestra cultura que van más allá de fronteras nacionales y étnicas. Es esto lo que quiero que mis estudiantes de español recuerden: que ser hispano no es un color ni una etnia, sino una identidad basada en coordenadas lingüísticas, históricas y culturales. Y ahí es donde cabemos todos los hispanohablantes y también los que recuerdan la lengua española como lengua ancestral aunque no la hablen. Ahí es donde quepo yo, que sólo hablé español hasta pasada la adolescencia y por eso todavía tengo acento en inglés y no consigo dominar sus preposiciones. Y ahí es donde cabe mi hijo, con su aspecto de vikingo heredado de su familia paterna, que sólo habló español durante los primeros dos años de su vida, y que ya es peregrino anual a España para no perder su acento andaluz.

Y colorín, colorado, hasta aquí hemos llegado. No tengo una vida memorable, pero sí feliz y, creo yo, enriquecedora, pues todo lo que he descubierto sobre mí en el proceso de cambiar de un país a otro me ha enriquecido como persona. A caballo, entre dos países y dos culturas, he tenido que aprender de los otros para darme cuenta de la complejidad de mi propia identidad, como la de cualquier persona. Es como si tuviera muchas tarjetas de identificación, sintiendo que no puedo usar ninguna sin sentir la necesidad de enseñar las otras. Y esto es lo que probablemente me habría perdido de no haber conseguido aquella beca.

# COMPRENSIÓN Y OPINIÓN

### Actividad A  ¿Qué dice la narradora?

Complete cada una de las afirmaciones a continuación con una palabra o expresión de la narración.

1. En la Universidad de Sevilla, la narradora hizo una carrera en _____.
2. Cuando tenía quince o dieciséis años, la narradora intentó conseguir _____ para estudiar en los Estados Unidos.
3. A los veintitrés años, la narradora tuvo la oportunidad de enseñar _____ como *T.A.* en la Universidad de Cornell.
4. La narradora se quedó fascinada con _____ de las universidades norteamericanas.
5. La narradora conoció a _____ en la universidad.

6. La narradora considera su llegada a los Estados Unidos diferente de la de otros inmigrantes porque ella no ____ conscientemente.
7. Su esposo norteamericano, su hijo, sus amigos, su casa y sus ____ le dan a la narradora «membresía» americana.
8. El hecho de sentirse parte de dos países distintos provoca una cierta ____ en la narradora, algo que a ella le encanta.
9. La narradora tuvo la primera lección en definir su identidad en el avión cuando tuvo que llenar ____.
10. Al contrario de lo que han experimentado algunos hispanos en los Estados Unidos, la narradora explica que ella no ha sufrido ____.

## Actividad B ¿Qué opinan Uds.?

En grupos de cuatro estudiantes, comenten las siguientes preguntas.

1. ¿Sienten Uds. que tienen un hogar en más de un país o ciudad? Expliquen.
2. ¿Están Uds. de acuerdo con la narradora en que hay una diferencia entre emigración consciente y emigración inconsciente? ¿Por qué? ¿Cuál es la diferencia? Expliquen.
3. ¿Qué imágenes estereotípicas de los estadounidenses y de la vida en los Estados Unidos existen en otros países? ¿Son falsos estos estereotipos o son ciertos? Expliquen.
4. ¿Son los grupos hispanos en los Estados Unidos distintos entre ellos? ¿De qué forma? ¿Son los hispanos en los Estados Unidos diferentes de los españoles de España? Expliquen. ¿Son similares todas las personas que hablan el idioma español en el mundo? Expliquen.

## Actividad C Un paso más

Cada pareja debe escoger una de las regiones de España que aparecen en la lista a continuación. Preparen una presentación para la clase siguiente sobre la región que investigaron. Relaten información sobre la geografía, el clima, la población, la economía, etcétera.

1. la Comunidad de Madrid
2. Castilla y León
3. Castilla-La Mancha
4. Murcia
5. Extremadura
6. Andalucía
7. Cataluña
8. Aragón
9. Navarra
10. Galicia
11. Asturias
12. Cantabria
13. El País Vasco
14. La Rioja
15. la Comunidad valenciana
16. las Islas Baleares
17. las Islas Canarias

# $\mathcal{U}$na cena inesperada

## Gustavo Medina

Gustavo Medina, *escritor de guiones para la tele-*
*visión hispánica en los Estados Unidos, nació en*
*La Habana, Cuba. Es conocido por escribir y pro-*
*ducir «Mejorando su hogar», el primer programa*
*en español sobre ese tema. También fundó, para la*
*compañía Microsoft, la División de Publicaciones*
*para el Usuario Internacional, y permaneció como*
*director de ese departamento por varios años. Ac-*
*tualmente se encuentra desarrollando el guión para la película* Herencia, *una co-*
*media que refleja sus experiencias como exiliado político. El profesor Medina vive*
*con su familia en San Francisco y Miami.*

N o cabía duda que la carta era para mí: G. Medina, 2501 S.W. 7th Street,
Miami, Florida. ¿Pero quién en este nuevo y extraño país me conocía
a mí? Yo, un niño de nueve años, recién llegado de La Habana con mis padres
y mi hermana, buscando refugio y una nueva vida en los Estados Unidos.

Es más, poca era la gente que sabía que nos habíamos ido de Cuba, aun
en la misma isla. Todo había pasado tan súbitamente que nosotros, —mi
papá, mi mamá y mi hermana—, aún no podíamos creer que nuestra vida
de rutinas del trabajo y la escuela y los fines de semana en la playa de Santa
María, ya no existía. De noche a día los cambios políticos nos habían forzado
a escoger un destino no anticipado. Y en Miami de pronto nos encontramos.

Con ésta y las otras ofertas que nos traía el buzón del correo regresé a la puerta de entrada de la pequeña casa que nos había alquilado una agradable señora italiana. Nos había permitido alojarnos ahí con sólo pagar un mes de alquiler. Me imagino que en ese entonces ella vio en nuestras caras los rasgos de choc y de desamparo que llevábamos. Y nos hablaba en su lengua natal, ya que ninguno de nosotros hablaba más de un «pi» en inglés. Y entre el español de mis padres y el italiano de la señora se comunicaban las exigencias y los consejos para nuestras vidas en el exilio.

Papá trabajaba de vez en cuando, cargando aviones que volaban a muchos lugares. En Cuba había sido piloto de aerolínea y, aunque en ese talento sobresalía, no podía ejercer su profesión dado que necesitaba conseguir un carnet de piloto en los Estados Unidos. Mi mamá, que antes había trabajado en un banco en La Habana, ahora se pasaba los días ayudando a limpiar casas y oficinas. Y mi hermana y yo habíamos empezado a asistir a la escuela local una vez que mi mamá le había convencido a la directora que no nos atrasara y nos hiciera perder un grado por nuestra falta de inglés.

Por la mañana, Papá nos dejaba en la escuela, y por la tarde mi hermana y yo regresábamos solitos caminando en ese caluroso vapor de las tardes de Miami. Sandy, una de las hijas de nuestra vecina, había quedado contratada por mi mamá para que nos diera clases de inglés en casa los martes y jueves por la tarde. Y, hoy, un miércoles soleado en un abril de los años 60, mi hermana y yo llegamos a casa y, como siempre, encendimos el aire acondicionado a todo meter, para aislarnos del calor de Florida, y, quizás para protegernos un poco de este nuevo mundo que aún nos daba miedo.

Lili, mi hermana, estaba dentro de la casa, preparando una limonada, y yo regresaba de la acera con el correo. Siempre esperábamos cartas de amigos o familia en Cuba o en otras partes de los Estados Unidos, pero pocas eran las veces que nos llegaba algo. Y hoy, qué sorpresa, ¡me había llegado una carta a mí!

Algo en mí quería compartir la emoción de la sorpresa con mi hermana. Y otra parte me decía: «Cállate... , cállate, no se lo digas a nadie». Una vez dentro de la casa llena de aire frío decidí entrar en el baño y, solito, abrir la carta.

Me senté seguramente en la bañadera. Con mi cuchillita que siempre llevaba conmigo abrí el sobre cuidadosamente. Saqué una hoja blanca de papel doblado que envolvía otro documento. Y lo que se escondía de pronto se deslizó y cayó en el suelo. Una papeleta, larga y amarillenta que al caer boca abajo, aún me escondía de qué se trataba el asunto. Rápidamente la recogí y le di vuelta. ¡Era un cheque!

¡Sí, sí, era un cheque de 500 dólares a la orden de G. Medina! ¿Pero cómo? ¿Y de quién? El sobre no portaba dirección de regreso. Ah, pero en una esquina superior del cheque había un nombre impreso: «Cubaniche Restaurant». Y bajo ése se encontraba la dirección del mismo. Y la firma del pagador era de un tal «Benicio Gómez». «Conocido en su casa a la hora de comer», pensé yo en el refrán favorito de mi abuelo cuando le mencionaban los nombres de personajes importantes. ¿Quién era el Sr. Gómez? ¿Y por qué un cheque para mí del más conocido restaurante cubano en Miami?

Una vez, a poco tiempo de nuestra llegada, un señor americano de mucha plata, que había conocido a mi padre en uno de los viajes que el adinerado había hecho a Cuba, nos había invitado a cenar en El Cubaniche. Ya había pasado más de un año desde aquel hecho. Y en esa cena todos nosotros estábamos mucho más interesados en si el señor le iba a ofrecer un trabajo a nuestro padre que en la comida que hasta hacía poco solíamos comer con frecuencia. Ni el picadillo, ni el pan con cerdo, ni el flan que nos trajeron nos llamaron la atención. Lo que nunca nos olvidamos de esa cena era que el señor no le dio trabajo a Papi. Y ahora me imagino que esa cena era su manera de templar lo agrio con algo dulce.

Y desde aquel entonces nunca más habíamos salido a comer y nunca más habíamos probado comida cubana. No por falta de querer, sino porque la vida americana llevaba un paso distinto que le prohibía a mi mamá el lujo del tiempo para cocinar una comida típica a la familia. De contra, el inglés de ella no le alcanzaba para saber lo que significaba *black beans* si los hubiese encontrado.

Y en ese año de sándwiches que preparábamos por la mañana, las *TV dinners* que nunca pudimos vincular con la televisión (¿por qué se llamaban así?) y algunas comidas de sobra ya tibias o frías de los aviones que mi papá cargaba, nuestra hambre por una cena típica cubana sólo crecía. Había noches que al comer de las bandejitas de aluminio recordábamos el boliche que hacía mi abuela, el ajiaco de mi tía Chita, los frijoles negros de mi tío Pancho (con su toque de vino que les echaba al servirlos), los buñuelos de tía Zenaida, los turrones españoles que traía mi primo Quique para las Navidades y, el que más nos aguaba la boca y que casi podíamos oler cuando lo recordábamos, el lechón asado de mi abuelo Ramón. Ese lechón, con su mojo de ajo y naranjas agrias y yo no sé qué más, a veces se aparecía hasta en mis sueños, convirtiéndolos en dulces pesadillas de las cuales me despertaba hambriento y de mal humor.

Volví a mirar el cheque. Quinientos dólares para G. Medina. ¿Qué iba a hacer yo con este cheque? No podía ser algo que me pertenecía a mí. Pero yo bien sabía que con una simple firma de mi mano, un garabato común, lo podía esconder en la cuentita de ahorros que mis padres me habían abierto. Y de ahí, ¿quién iba a saber cuándo yo sacara esa plata poco a poco? ¿Y qué iban a decir mis padres cuando me vieran embutiéndome empanadas de guayaba o un sándwich de puerco?

¡Qué dilema! ¿Qué era esto, un regalo o un castigo?

Mi hermana me llamaba de afuera del baño. Imitaba a nuestra maestra de inglés que con su acento yanqui me decía: «Gos-tey-vu. Gos-tey-vu. ¿Dóndey esstarrr? ¿Dóndey estarr?» Puse el cheque en el papel, el papel en el sobre y el sobre en el bolsillo de mi camisa. Me eché un poco de agua fría en la cara y con una toalla en la mano abrí la puerta del baño de un tirón: «¿Kay keirer, señora Juáit? ¡Cho esstarr akiiiiiiii... !» Y tirando la toalla sobre el rodillo donde antes colgaba tranquilamente, salí corriendo a jugar con mi hermana.

Esa noche la familia entera se sentaba otra vez más a comer una de esas cenas frías y en compartamentos de plástico que nos traía papá del aeropuerto. Todo sabía igual, insulso. Si era carne de pollo o de cerdo o de iguana no se sabía. Si lo que se encontraba en el compartamento de una de las esquinas era una torta borracha o una galleta mojada por el jugo de naranja que iba a su lado en una lata media abierta tampoco se sabía. El pan sabía a cartón. Y cada mordida se acompañaba con un buche de agua. Y de contra, ninguna de las bandejillas que Papá había traído llevaba nada dulce. Un insulto para el paladar cubano en el exilio. Esto no estaba en nada. Mamá empezó a hablar de las torrejas que hacía nuestra cocinera Amparo en Cuba. Papá en seguida le hizo un jaquemate con los dulces de coco de su mamá, Aurora. Mi hermana comenzó a batir el agua de su vaso con un cuchillo y preguntarle a mis padres que cuándo íbamos a comer unos panes de gloria como los que vendía el señor que se paraba en la esquina donde la guagua nos recogía todos los días para llevarnos a la escuela en La Habana. Y yo, listo con un cuento de mi pastelería favorita de Miramar, me acordé del cheque que llevaba en el bolsillo.

—Papi, Mami, Lili, ¡kua-yet pliiz!

Mi mamá, orgullosa de oírme hablar en mi nuevo idioma, fue la primera en callar a todos.

—¿Qué pasó, niño? ¿Cómo te fue en la escuela hoy con la señora, Jua... , Jueit?

—Ay, Mami, —dijo mi hermana, impaciente— es «Mí-sis Juáit».

—A ver, hijo, —dijo mi padre, sabiendo cuánto me encantaban los chistes y las bromas—. Cuenta...

Saqué el sobre del bolsillo y, sin decir una palabra, lo puse cara arriba sobre la mesa. Mis padres se miraron, mi hermana me miró a mí y todos enfocaron sus ojos en el sobre.

—Ábranlo —dije yo.

Mi hermana lo agarró en un dos por tres. Sacó el papel y el cheque.

—Pei tu Chee Medina... , di a-munt ov faif jandred dolars an...

Mami le arrancó el cheque de la mano, lo miró con un destello en sus ojos y se lo pasó a Papi con una mirada un poco estremecida.

—Medina, —le dijo— ¿esto es para nosotros?

Papi lentamente examinó el cheque, y lo examinó otra vez, miró hacia el techo como si ahí encontraría la solución a todas las preguntas de su vida. Y le pidió a mi mamá que le alcanzara la guía telefónica de la ciudad de

Miami. Se puso los lentes y abrió el libro fofo que aún me parece ser enorme.

—Medina, Medina, Medina... no, ningún Medina. Okey, restaurantes, restaurantes, aquí estamos.

Aún sentado en la mesa dio una media vuelta y levantó el teléfono. Empezó a marcar los números.

—Buenas noches, ¿está el señor Benicio Gómez? —le oí decir.

Por un momento me sentí traicionado, pero pensando en él, me di cuenta de que hacer otra cosa no era algo posible en el mundo de nuestra familia. Ya bastantes misterios y dilemas y encantos habíamos enfrentado para sólo tener que alejarnos de muchas personas que una vez creíamos honradas y fieles en el país que habíamos dejado.

—Mire, le habla el capitán Felipe Medina—. Usó su nombre de piloto.

—Sí, mire, nosotros recibimos hoy un cheque del restaurante Cubaniche hecho a nombre de un tal G. Medina por 500 dólares...

Una pausa.

—No, no, señor, nosotros no conocemos a ninguna Gloria Medina. El único G. Medina que hay en esta casa es nuestro hijo de diez años, Gustavo Medina. Y estoy seguro que él nunca ha trabajado para ustedes...

Papi tiernamente puso una mano sobre mi cabecita. De pronto, y gritando en su voz de niño guajiro que pocas veces habíamos oído, le dijo al señor Gómez por teléfono: —¡Pue', señó', pa'llá vamo', enseguidita!

Esa noche comimos tanta comida cubana en El Cubaniche que no tuvimos hambre por largo tiempo.

---

# COMPRENSIÓN Y OPINIÓN

## Actividad A ¿Qué dice el narrador?

**Paso 1.** Con un compañero / una compañera, pongan en orden cronológico las siguientes citas sacadas de la narración, preferiblemente sin consultar el texto.

_____ «Medina, Medina, Medina... no, ningún Medina. Okey, restaurantes, restaurantes, aquí estamos.»

_____ «Y entre el español de mis padres y el italiano de la señora se comunicaban las exigencias y los consejos... »

_____ «Esa noche comimos tanta comida cubana en el El Cubaniche que no tuvimos hambre por largo tiempo.»

___3___ «Lili, mi hermana, estaba dentro de la casa, preparando una limonada, y yo regresaba de la acera con el correo.»

___4___ « ...nuestra hambre por una cena típica cubana sólo crecía. Había noches que al comer de las bandejitas de aluminio recordábamos el boliche que hacía mi abuela... »

___1___ «Es más, poca era la gente que sabía que nos habíamos ido de Cuba... »

___5___ «Y yo, listo con un cuento de mi pastelería favorita de Miramar, me acordé del cheque que llevaba en el bolsillo.»

**Paso 2.** Comparen sus respuestas con las de otra pareja. Luego comenten lo que ocurre en la narración entre cada uno de los acontecimientos que se describen en las citas.

### Actividad B  ¿Qué opinan Uds.?

**Paso 1.** En esta narración, Gustavo Medina describe la actitud de una familia en particular, recién llegada de Cuba. Trabajen en grupos de tres estudiantes e indiquen cómo los siguientes conceptos también describen las experiencias que han tenido otros grupos de habla española en los Estados Unidos.

1. el contacto con el inglés
2. la comida en general y las cenas en familia
3. la nostalgia por el país dejado atrás
4. la niñez
5. la búsqueda de trabajo

**Paso 2.** Los exiliados cubanos en los Estados Unidos generalmente se consideran refugiados políticos. Trabajando con el mismo grupo, tomen cuatro minutos para comentar lo que saben sobre la situación política en Cuba y los antecedentes históricos de esa situación. Después, comenten las implicaciones políticas de la siguiente cita que se encuentra en «Una cena inesperada».

> «Por un momento me sentí traicionado, pero pensando en él, me di cuenta de que hacer otra cosa no era algo posible en el mundo de nuestra familia. Ya bastantes misterios y dilemas y encantos habíamos enfrentado para sólo tener que alejarnos de muchas personas que una vez creíamos honradas y fieles en el país que habíamos dejado.»

### Actividad C  Un paso más

**Paso 1.** En grupos de cuatro estudiantes, imagínense y comenten cómo habría sido el final del cuento si el narrador y su familia se hubieran quedado con el dinero en vez de devolvérselo al dueño del restaurante. Pueden usar las siguientes preguntas como guía.

1. ¿Sería diferente el tono del cuento? ¿Cómo sería?
2. ¿Por qué decidió el narrador escribir sobre un cheque que recibió?
3. ¿En qué habrían gastado los Medina los 500 dólares si los hubieran guardado?
4. ¿Qué beneficios o problemas podría traer el dinero?
5. ¿Cómo influye el hecho de que la familia Medina recién había llegado de Cuba?

**Paso 2.** Compartan sus comentarios con el resto de la clase. ¿En qué son similares? ¿En qué se diferencian?

# Contra viento y marea

## Lydia Vélez Román

Lydia Vélez Román *nació en Puerto Rico y de joven emigró a los Estados Unidos. Es profesora de español y literatura en el sur de California. Ha publicado cuentos y poemas en varias revistas y es autora del poemario* Osadía de los soles truncos *(Betania: 1991). También es autora del texto* Sigamos: Lecturas literarias y culturales *y coautora de* Sigamos: Lengua y cultura *(ambos McGraw-Hill).*

### I

«**P**asajeros de la Delta, vuelo número 12 con destino a Nueva York, favor de abordar el avión por la puerta número 34-B.» Repentinamente, la vibrante voz que sale por el altoparlante en el aeropuerto de San Juan, Puerto Rico, anuncia un nuevo espacio para mí.

El corazón me late fuertemente, las manos me tiemblan y las piernas apenas logran sostenerme. Es un viaje inesperado, pues recién me he casado y a causa de las complicadas circunstancias políticas y económicas del país, hay pocas opciones para mí y para el padre de mi hija por venir. Verdaderamente, yo salgo a regañadientes.

Esta mañana, despuntó un sol esplendorosamente brillante detrás de los cerros junto a la carretera. La brisa fresca del Atlántico meció las flores de pascua, las buganvillas y los mirtos de todos los balcones del vecindario, desde donde las vecinas me dijeron adioses cariñosos. Especialmente, recuerdo a doña Agustina, quien anoche me llevó un manojo de poemas para que se los publique en *El Tiempo*, «pues dicen que si uno publica en ese periódico, se vuelve famoso de la noche a la mañana», dijo riéndose a carcajadas. «Y ya lo sabes, tan pronto puedas, múdate a una ciudad que se llama Nashville. Dicen que todas las cantantes famosas salen de ahí», añadió riéndose de nuevo, tal como lo hacía cuando yo era niña, burlándose de mi empecinado anhelo de ser cantante de música folclórica.

Tío Luis vino también, y hasta me pidió perdón por aquella tarde aciaga de cuando yo era niña. El barrio entero había sorprendido a uno de sus gallos hacerle el amor a Pepita, mi gata. Esto era algo insólito, algo nunca visto, algo digno de «Ocurrió así», pero nadie decía nada, pues ¿quién se hubiera atrevido a hablar de cuestiones sexuales? Todo lo que recuerdo es que una tarde yo estaba lela mirando al gallo y a Pepita en sus traqueteos amorosos, cuando de pronto, ¡bum, bum!, el pobre gallo coleteando en el piso y un arco iris de plumas revoloteando por todas partes. A mi derecha vi la figura gigantesca de tío Luis con una escopeta en la mano cuyo humito señalaba hacia el cielo. Él me miró duramente y sin decir nada echó a andar agitadísimo en la misma dirección de donde había salido. Enmudecí por un par de semanas y sólo abría la boca para cantarle villancicos a Pepita, aunque no era la época de Navidad. Años después, los psicólogos tuvieron que arreglar mi traumatismo personal. Así es mi pueblo, pero hoy voy para Nueva York, ciudad sobre la cual los puertorriqueños sabemos tanto y tan poco a la vez.

## II

Un 22 de febrero de 1970, bajo una inclemente tormenta de nieve y a una temperatura de cero grados centígrados, llegué a Nueva York. No tardé nada en darme cuenta de que el abrigo raído que una prima me había prestado era inadecuado, que los zapatitos de plástico blanco que llevaba eran inadecuados, que mi inglés era inadecuado, que los 30 dólares que había reunido para el viaje eran inadecuados y, para colmo, pronto descubrí que el matrimonio que había realizado era también inadecuado.

Toda esa inadecuación, ese sentirme tan fuera de lugar, ese maltrato emocional al espacio acogedor que se había quedado atrás se evidenció claramente en los próximos dos años. Para mí no fue fácil conseguir empleo; embarazada y con un inglés limitado, era como tocar en puertas tapiadas. Y aunque tanto mi esposo como yo estábamos dispuestos a trabajar en lo que fuera, en seguida nos dimos cuenta de que era necesario negar nuestra educación universitaria para poder conseguir empleo en las fábricas de la comunidad lo antes posible.

Las pésimas condiciones de trabajo, la carencia de vivienda propia y las dificultades generales de la ciudad tuvieron un efecto mucho más detrimental en mi esposo que en mí. Al año tuvimos que recurrir a los beneficios de asistencia pública para que él pudiera renunciar a su trabajo y someterse a tratamiento médico. Nuestro matrimonio sucumbió y nos separamos para siempre. Esta etapa fue particularmente dolorosa para mí. Me aislé de mi familia en Puerto Rico y de mis tías de Nueva York, quienes me habían dado todo el apoyo que ellas podían ofrecer, dadas sus propias circunstancias. Por año y medio nadie en mi familia sabía de mi verdadera situación en Nueva York. Yo había crecido en una familia de valores tradicionales, y por lo tanto, sabía que el divorcio era inaceptable para ellos. Temía que me rechazaran tan pronto les llegara la noticia.

Otra fuente de aquel pesar era tener que vivir de la asistencia pública, pues esto me avergonzaba mucho. Mi vida, que antes había sido tan gregaria, tan rodeada de tíos, primos y amigos, súbitamente se volvió un secreto. Me sorprendieron días de insoportable soledad, agrias penurias e incertidumbres. Recuerdo aquella mañana penosa de 1972; el primer día que salí a la calle con mi hija, convencida ya de que era una madre soltera. Los rascacielos me parecían más altos aun y a mi paso, yo sentía que se derrumbaban hacia el centro de la calle, que toneladas de concreto me aplastaban.

Los viajes al supermercado eran un verdadero malabarismo. ¿Cómo alimentarnos bien mi hija y yo y que a la vez sobrara dinero para la renta? Saltaron como bendición las lentejas, los plátanos maduros, el arroz y pescuezos de pollo a quince centavos la libra. Yo me imagino que la gente compraba esto último para comida de perros. Pero para mí, era el ingrediente indispensable para imitar el sabroso arroz con pollo puertorriqueño, mi manera de engañar el hambre y de conquistar el estómago. Con frecuencia, mi amiga Tata Riquelme llegaba a mi apartamento con una caterva de cajitas del restaurante chino-cubano de la esquina. Yo bien sabía que las predicciones que saltaban de las galletitas de la suerte que acompañaban cada una de aquellas cenas eran falsas: «Viajarás por el mundo entero sin pagar un centavo», «Ganarás una competencia de ajedrez» y cosas imposibles como ésas. Pero de todas formas, yo cerraba los ojos para seleccionar la galletita al azar y me animaba con cada viaje a las estrellas.

Mi hija seguía creciendo y en la pequeña sala de mi apartamento no había muñecas vestidas con can-canes de tul o collares luminosos, ni casitas rosadas, ni pianitos alboroteros, ni patitos nadadores, ni vajillas floreadas de azul. Nada, nada convencional entretenía a mi hija. En cambio, ella se distraía dibujando garabatos en los pocos libros que yo había logrado reunir, golpeando cacerolas para producir música o bailando al compás de los ritmos de moda que se escuchaban en la radio. Nuestros viajes más fascinantes eran las tardes que nos íbamos al parque de enfrente, Fort Tryon. Allí, mi hija aprovechaba para jugar con los diversos juguetes de los otros niños y yo la contemplaba desde un banco, soñando con un espacio ideal para las dos.

Se sucedieron unos cuantos inviernos, y mientras tanto, el aguijón del conocimiento persistía en mi memoria. Este aguijón unas veces me alentaba, otras me acusaba y otras me sumía en una fuerte desesperación. Había que encontrar una solución, me decía a mí misma. ¿Pero por dónde empezar?

A pesar de que se me había informado que las madres acogidas a la asistencia pública no debían ingresar en instituciones educativas, decidí arriesgarme.

Poco antes de salir de Puerto Rico, había ido a visitarme Freyda, una queridísima prima que había hecho estudios universitarios en Nueva York. Su visita tenía la generosa intención de orientarme. «Cuando llegues, no dejes de llamar a ASPIRA. Es un instituto donde te pueden ayudar a reingresar en la universidad», me había dicho cariñosa, como anticipando el arduo camino que me esperaba.

Para mí, esa llamada fue una bendición. Una voz tranquila me dio la dirección de la universidad más cercana a mi casa y después de varias preguntas me dijo que yo era «una candidata ideal para cualquier programa que me interesara».

En el otoño me matriculé en dos cursos nocturnos, uno de historia de los Estados Unidos y otro de oratoria, ambos en inglés, claro está. Todo era una endemoniada jeringonza para mis oídos. Desde que empezaba a vestirme para salir a clases la boca se me secaba, mi exiguo conocimiento del inglés se aniquilaba y mi autoestima se hacía polvo. Ni qué decir que en la clase de historia traté de participar lo menos posible para que la profesora no se diera cuenta de que no entendía ni pío. Al entrar al salón yo respiraba profundo y me sentaba en el lugar más alejado posible detrás de algún cabezón. «Es cuestión de aguantar», me decía. Por otro lado, me salvaba el hecho de que yo podía leer muy bien el inglés. De manera que, según el tema que se estuviera estudiando en clase, yo sacaba libros de la biblioteca por montones para así compensar por la carencia de las conferencias. Ante mis ojos desfilaron recuentos de guerras, teorías del destino manifiesto, esclavos en el sur y un sinfín de personajes históricos. Al final del semestre, la profesora pidió que escribiéramos un ensayo mecanografiado. Como yo no tenía máquina, escribí las diez páginas con una letra del tamaño de la letra impresa. Aquella especie de palimpsesto lucía verdaderamente mal, un horror. ¿Qué pensaría ella? ¿Se daría cuenta de mi gran esfuerzo por complacerla, por comprender su Historia, por hacer todo como debía? ¿Sería por eso que fue benévola con la calificación? Hoy recuerdo su voz y su fisonomía como si todo fuera ayer.

La segunda clase, la de oratoria para extranjeros, fue otra gran aventura. En aquella fabulosa torre de Babel se escuchaban los más variados acentos. El profesor, comprendiendo la gran mina de oro que representaba tanta diversidad cultural, nos pidió que hiciéramos una presentación oral sobre algo relacionado con nuestros respectivos países. Yo, que tenía el mío tan aferrado a la piel, no podía decidirme por ningún tema, pues cada idea que me surgía, me parecía mejor que la anterior.

Mientras tanto, recuerdo que un ruso habló sobre cómo preparar yogur; una griega, sobre cómo hornear baclavá; una cubana sobre cómo cocinar picadillo; y un francés, sobre cómo hacer corazoncitos de chocolate para el Día de San Valentín. Un italiano desplegó una bandera italiana sobre la pizarra y acto seguido encendió un sartén en medio del escritorio del profesor y en un dos por tres nos tenía a todos saboreando un delicioso espagueti. Como buena tejedora de sueños que siempre he sido, al final de cada presentación yo quise pedir la receta para cuando me llegaran días más prósperos, pero no me atrevía. A la vez, juraba y rejuraba en silencio que mi presentación no sería sobre cómo preparar platos típicos, no señor.

Mi presentación oral fue sobre la invasión de los Estados Unidos en Puerto Rico. Me preparé muy bien. Hojeé periódicos nuevos y viejos, escribí cartas a gente en Puerto Rico y las archivé en orden alfabético, desempolvé archivos en la biblioteca de la calle 42 y conversé con numerosos amigos «eruditos» en el tema. La tesis de la mayoría de ellos recurría: en 1898, los Estados Unidos había invadido a Puerto Rico. Después de reescribir como diez veces practiqué el texto frente al espejo, tal como nos había sugerido el profesor. Me aseguré de que las íes largas y cortas eran pronunciadas correctamente, al igual que el sonido «sh», que tanto trabajo me daba. No contenta con eso, regresé a la biblioteca de la 42 y frente a uno de los leones de piedra dije mi discurso en voz alta. Me asombró muchísimo que a muy poca gente le importara un pepino que hubiera una persona hablándole a un público imaginario.

El día de mi presentación me puse una blusa de cuello alto y un maquillaje sobrecargado para que nadie me viera enrojecida de vergüenza. También llevaba una banderita puertorriqueña prendida de la blusa, a la altura del corazón. Inspirada por el italiano, yo también colgué la bandera de mi país sobre la pizarra, pero la mía era grande como una sábana. Comencé a hablar con voz temblorosa: «*The United States' invasion in Puerto Rico...*» En este preciso momento, una voz femenina desde el fondo del salón retumbó como un trueno. «*Invasion, invasion, did you say? What invasion, for God's sake?*» La estudiante cubana, la del picadillo, la yuca en mojito y todo lo demás palmífero de que habló durante el semestre, obviamente difería de mi opinión. Tema candente, pensé. Tema vedado. Tema ofensivo. Tema inadecuado. Yo sólo vi una cosa: Veinte pares de ojos me miraban ansiosos. Ojos grandes, pequeños, oblicuos, azules, negros, castaños y hasta ojos rojos vi que me preguntaban, «¿Y ahora qué?» Yo me había memorizado el discurso palabra por palabra, pero mi inglés inadecuado no servía para explicarles un tema tan complicado sin salirme de mi papel de declamadora que yo misma me había fabricado frente al león de piedra. En ese instante, un poco tarde por cierto, comprendí por qué todos habían hablado de comidas y de cómo seguir una receta: «Paso 1, tal y tal cosa; paso 2, tal cual otra.»

Fue bueno que la tierra no me tragara en aquel momento, a pesar de que se lo pedí a Dios encarecidamente. Fue bueno que nadie más se alzara en contra mía. Fue bueno que el astuto profesor pidió silencio y orden. Fue bueno que Dios no me escuchara, pues ahora no estaría contando esta historia.

Mis inadecuaciones neoyorquinas, como le llamo ahora a ese terrible proceso de ajuste, fueron innumerables. Pero siempre tuve el valor de recomenzar, de terminar mi historia, tal como hice en aquella ocasión frente a la clase de oratoria. Recuerdo que apagué la luz, respiré hondo y la volví a encender: «*The United States invasion...* » Dije mi discurso mirando todo el tiempo a través de una de las ventanas del salón para evitar las amenazantes miradas de mis compañeros, o así me parecían.

Aquella ventana se convirtió en un símbolo de mi vida. Porque siempre hay una ventana. Siempre hay un espacio generoso o compasivo por donde uno puede deslizarse para seguir adelante y abrir rutas nuevas. Es un espacio vital (evito escribir esencial), casi sagrado que se lleva en el corazón, que alumbra y anima a uno a cumplir con las buenas metas. Es un espacio del cual se sale y a la vez se llega con un derroche de voluntad. Fue así como terminé la licenciatura, con voluntad.

Inspirada por el ambiente académico, comencé entusiasmada la búsqueda de empleo en las escuelas. Tren va y tren viene, llegué por fin a un programa de entrenamiento para ayudante de maestros. A mí se me asignó una escuela en el sur del Bronx a donde llegué asustadísima, después de decidir rápidamente cuál de los dos únicos pantalones que colgaban en mi ropero era el más adecuado para el primer día. Esta escuela se llamaba Rafael Hernández, en honor al conocido compositor puertorriqueño. Allí el director me asignó a una clase de segundo grado de la cual quedé prendada inmediatamente.

A los dos meses, el maestro, quien estaba pasando por una etapa muy conflictiva en su vida, fue despedido de su puesto, e inesperadamente el director me envió a tomar el examen para obtener el certificado de enseñanza del estado de Nueva York. Hasta hoy día me pregunto qué fue lo que me impulsó a cumplir con la cita. Con mi fallido inglés, pensaba entonces, nunca lograré pasar este examen y mucho menos, la parte oral. Pero los pasé ambos. Y en un abrir y cerrar de ojos tenía cerca de treinta niños bajo mi responsabilidad.

Conocí a muchos niños con historias increíbles. Un primer día de clases, Daniel Gómez, un niño de seis años, me pidió que le enseñara a leer el reloj grande que estaba en la pared. Comencé por lo que me parecía más fácil: las doce en punto. Pero Daniel levantó la mano enérgicamente y me pidió que le enseñara a leer las doce y media. Ante mi insistencia de hacerlo a mi manera, él confesó ingenuamente: «Misi, es que a esa hora se acaban las clases y mi mamá me viene a buscar.» Daniel y yo nos reímos juntos como dos viejos amigos que ya se comprenden todo. También recuerdo a María, quien cuando era bebé había sido vendida por 50 dólares para comprar drogas. María y yo lloramos juntas muchas veces también como viejas amigas que se comprenden todo.

A lo largo de cinco años en aquella escuela yo conocí a muchos Danieles y a muchas Marías, al igual que los he conocido durante quince años de enseñanza universitaria en el sur de California. De mis estudiantes he oído anécdotas más tristes que la mía, y también más exitosas. Cada una de ellas, pienso yo, no es más que una nueva escritura en el palimpsesto útil y amado del quehacer humano.

Por diversas circunstancias a mí me tomó un buen tiempo terminar la licenciatura, continuar la maestría y por fin lograr el doctorado. Pero poco a poco me fui desalojando de las inadecuaciones, las limitaciones, y en cada momento traté de tomar la mejor decisión posible, y sobre todo, traté de dar todas mis energías.

### III

*«Delta flight number 251 to San Juan is now boarding at gate number 30. Passengers, please prepare for boarding».* El altoparlante anuncia mi vuelo. Yo voy muy feliz. Me miro los zapatos nuevos de última moda y me aseguro de que no he dejado la cámara de tomar películas sobre el asiento, las fotos de graduación de mis hijos, ni los regalos. Pienso que es fascinante explorar espacios nuevos. También es fascinante regresar a los lugares originales, donde sé que me esperan con regocijo reconfortante y con historias encantadoras como la de Ud., quien está leyendo la mía ahora. Será por eso que siempre me despido a regañadientes.

# COMPRENSIÓN Y OPINIÓN

### Actividad A  ¿Qué dice la narradora?

Conteste las preguntas a continuación.

1. ¿En qué circunstancias y con qué ánimo dejó la narradora su país de origen?
2. ¿Qué efecto tuvo en la narradora el encuentro entre el gallo y la gata y la matanza de aquél?
3. ¿Cómo difirió la reacción de la narradora de la de su esposo en cuanto a las duras pruebas que experimentaron ambos en Nueva York?
4. ¿Cómo resolvió la narradora el problema de las comidas?

5. ¿Qué aguijón persistía en la mente de la narradora? ¿Qué solución encontró?
6. ¿Cómo se manifestaba el nerviosismo de la narradora al asistir a clases?
7. ¿Sobre qué hizo las presentaciones la mayoría de los estudiantes en la clase? ¿Sobre qué hizo la narradora la suya?
8. ¿Cómo se preparó la narradora para su presentación?
9. ¿Qué interrupción hubo al principio de la presentación y cómo afectó a la narradora?
10. ¿Qué tipo de carrera optó por seguir la narradora y qué efecto tuvo ese tipo de trabajo en su perspectiva?

## Actividad B  ¿Qué opinan Uds.?

En grupos de tres o cuatro estudiantes, comenten las siguientes preguntas.

1. ¿Cómo afecta la inmigración a las familias, en general, y a los matrimonios, en particular?
2. ¿Qué actitud con respecto al frío tienen los hispanos que se van a vivir al norte de los Estados Unidos?
3. ¿Qué efecto tiene la escasez o la abundancia de dinero en la manera de vivir de uno?
4. ¿Qué experiencias tienen los hispanos con respecto a la educación en los Estados Unidos?
5. ¿Qué saben Uds. de la historia de las relaciones entre Puerto Rico y los Estados Unidos? ¿Consideran que la presencia de los Estados Unidos en Puerto Rico es el resultado de una invasión? Expliquen.
6. ¿A qué tipo de peligros urbanos son vulnerables los niños y jóvenes hispanos en los Estados Unidos? ¿Son estos peligros los mismos que confrontan los niños y jóvenes de otros grupos?

## Actividad C  Un paso más

**Paso 1.** Divídanse en dos grupos, uno de éstos para defender cada uno de los temas a continuación.

1. la presencia de los Estados Unidos en Puerto Rico le ha traído beneficios a la Isla.
2. la presencia de los Estados Unidos en Puerto Rico ha sido perjudicial para la Isla.

Comenten con los miembros de su grupo las ideas que usarán para defender su punto de vista.

**Paso 2.** Ahora comiencen el debate, defendiendo su punto de vista. Su profesor(a) puede servir de moderador(a).

# El Cuco[1] ya no me ve

## Ilia M. Rolón

*Ilia M. Rolón nació en la ciudad de Nueva York de padres puertorriqueños (su madre es Lydia Vélez Román, autora de la narración previa «Contra viento y marea»). Actualmente reside con su esposo en San Diego, California, donde está por completar la maestría en Salud Pública.*

Hace muchos años, en la escuela primaria me asignaron la tarea de crear un dibujo que incorporara imágenes de mi origen étnico. Dibujé cosas como la bandera puertorriqueña y un coquí. Justo en el medio de esos símbolos me dibujé a mí misma, con un pie plantado encima de una bella isla bordeada de palmas de coco y el otro pie en una tierra sembrada de letreros de McDonald's. A través de los años, mantener el equilibrio entre esas dos tierras ha sido una gran maniobra.

Mis veranos realmente no comenzaban hasta que llegáramos al caminito que termina en la casa de mis abuelos. En mis memorias más tempranas, es un camino polvoriento con una espina de matas silvestres. Mirando por la ventanilla, mido la distancia que nos queda, mientras el auto navega los baches que ha creado la lluvia. En los veranos que siguen, el camino se

---

[1] **El Cuco** es el equivalente puertorriqueño del *bogeyman*.

transforma en una carretera pavimentada lo suficientemente ancha para permitir que dos autos logren pasar casi a la misma vez.

En la cumbre de la carretera, se encuentra la casa de mis abuelos. Cuando pequeños, mis primos corrían a saludarme, gritando alegremente; más grandecitos, caminaban bien *cool* como si mi visita no fuera gran cosa. Mi abuelo me abrazaba, rozando la piel tierna de mi mejilla con su barba urticante. Él siempre olía a monedas viejas. Por último, yo corría a mi abuela y la abrazaba tan fuerte que ella protestaba, riéndose, que la estaba lastimando. En los últimos años de mi adolescencia, era mi costumbre hacer un inventario de las arrugas que el tiempo había esculpido cruelmente en su rostro. Aunque ir a Puerto Rico me parecía aburrido, me sentía afortunada de poder verla una vez más.

Mis primos y yo siempre exclamábamos en admiración, con voces que la madurez había comenzado a profundizar, lo mucho que habíamos crecido desde el verano pasado. En pocas horas, el aislamiento del campo me tragaba, mi transformación entre niña de ciudad a niña campesina era casi completa. Mi boca volvía a formar el español con fluidez, aunque cada año me preocupaba por adelantado que se había perdido para siempre.

La primera semana mi ropa permanecía empacada en mis dos maletas, como si negaran haber llegado. Arrugadas y humedecidas por el aire tropical, mi ropa al fin emergía, a veces con la ayuda de mi abuela, quien inevitablemente comentaba que yo estaba demasiado flaca mientras ella ponía mis mahones estrechos en un gancho. Resignada, eventualmente me dedicaba a vaciar un cajón en cualquier recámara que había decidido habitar parcialmente ese verano, y ahí colocaba mi colección de artículos de aseo y tesoros indispensables. Esas cosas eran mi conexión a otra existencia, una que cada año me disgustaba más dejar atrás. Mi diario, en el cual anotaba actos y pensamientos que consideraba escandalosamente indecentes (incluyendo los nombres de los muchachos que yo admiraba sin ellos saberlo), siempre era el último artículo que colocaba en el cajón. Lo escondía bajo mi ropa interior aunque ninguno de mis familiares era capaz de leer esas palabras tan dolorosamente apasionadas que había escrito enigmáticamente en inglés.

Digo que habitaba esa recámara parcialmente porque cada verano, aunque me consideraba aún más madura y conocedora del mundo que el año pasado, me trasladaba a la cama de mi abuela. Aunque ella compartía una recámara con mi abuelo, hacía años que no habían compartido una cama. Dado que el colchón consistía en tres pulgadas de espuma de caucho encima de un tablón (algo que ella insistía mantenía los discos de su columna vertebral alineados), no es posible que yo hubiese considerado su cama más lujosa que la mía. No era comodidad física lo que yo buscaba, sino un refugio contra las horrorosas cucarachas voladoras que yo tanto temía.

Los ritos nocturnos de esos veranos forman mis memorias mas vívidas. Mi abuela siempre se untaba varias cremas sobre sus brazos y su rostro mientras yo la contemplaba, sana y salva bajo un mosquitero. Por su parte, mi abuelo cerraba las persianas detrás de la cabecera de la cama —para que El Cuco no te vea— le decía a su nieta agradecida. Cuando mi abuela por fin se acostaba debajo del mosquitero —¡apúrate, abuela, antes que se entren los mosquitos!— me contaba chistes y recitaba las décimas que se había inventado. Mi abuelo, quien no se quedaba atrás, me contaba cuentos increíbles, como el de la noche que se le apareció la virgen María y le acarició los tobillos —¿Cómo no me crees, niña?—. Una de esas noches, mi abuela me enseñó una canción que había aprendido en su segundo año de escuela:

Pollito... *chicken*
Gallina... *hen*
Lápiz... *pencil* y
Pluma... *pen*

Ella me juraba que sabía mucho inglés pero yo siempre sospechaba que esas cuatro palabras abarcaban el bilingüismo de mi abuela.

Las noches también me eran importantes porque señalaban la culminación de otro largo día durante el cual yo había agotado mi creatividad buscando pasatiempos novedosos. Me hacía mucha falta mis amiguitas, mi bicicleta y los programas de televisión que nunca me perdía en California. Sin embargo, con un poco de imaginación era posible entretenerme. Uno de mis pasatiempos favoritos era jugar el papel de guía turística. Paseaba con grupos de turistas imaginarios entre las jaulas de gallinas, advirtiéndoles que se taparan las narices para que el olor no les molestara. Dedicaba el resto del día a devorarme los libros que había traído en mi maleta. A veces mi abuelo se impacientaba con mi aparente vagancia y mandaba a mi abuela que me enseñara a limpiar la casa. Un día le respondí que los quehaceres de la casa eran muy aburridos y que yo no tenía que aprender esas cosas porque me iba a casar con un norteamericano. —¿Y eso qué tiene que ver? —me preguntó él. —Pues cualquiera sabe que los esposos norteamericanos tienen muchas destrezas domésticas —le dije yo.

Viéndome tan aburrida, mis tíos me compadecían y planeaban excursiones a la playa, aunque acomodar a tantos primos en un solo vehículo era un reto. (Me acuerdo la vez que mi tío, entre tanto alboroto, retrocedió el carro sin mirar bien y le pegó al gato. Todos nos paramos solemnemente al lado de la carretera, rezando mientras él enterraba el cadáver rápidamente detrás de la casa.) Al llegar a la playa mis primos y yo brincábamos, corríamos y nos burlábamos mutuamente. Yo jugaba entre las olas por tanto tiempo que mi equilibrio imitaba el movimiento del océano por muchas horas después.

La noche antes de mi viaje de regreso a California, mis emociones conflictivas me desvelaban. A pesar de las numerosas veces que me había quejado del aburrimiento, esa noche me daba cuenta de lo mucho que había disfrutado del verano. Despedirme de mi familia era muy penoso y al llegar al país donde había nacido, no me parecía tan acogedor como la isla que mis padres habían dejado a regañadientes poco antes de yo nacer.

En el 1978, mi madre y yo nos habíamos mudado de Nueva York a Irvine, California, en aquel entonces un lugar predominantemente anglosajón. A pesar de muchas barreras, ella había logrado continuar su educación y estaba haciendo sus estudios para un doctorado. En mi escuelita había pocos hispanos u otras minorías y yo me sentía muy diferente a los otros alumnos. Me acuerdo del desfile de modas que era entrar al salón cada mañana y lo inadecuada que me sentía con mis mahones que no eran de ninguna marca aceptada. Aunque mi inglés era perfecto, los niños notaron que mi piel era más oscura que la de ellos y me llamaban *wetback* o *beaner*. Muy pocos de ellos querían asociarse conmigo de una forma más positiva, por lo tanto esos años en Irvine fueron sumamente difíciles para mí. Luché por reconstruir mi autoestima por mucho tiempo, aun después de que nos habíamos mudado a otra ciudad donde los latinos eran mucho más numerosos.

Sólo ahora me doy cuenta de que los viajes a Puerto Rico me salvaron de una desesperación total. Durante esos veranos, mi familia me hacía sentir que era inteligente y bonita. Siempre hablaban de mí como si esperaban que iba a ser muy exitosa y lograr metas asombrosas. En Puerto Rico, mi piel trigueña se hacía aun más hermosa bajo el sol caribeño, en vez de ser una de las causas de mi ostracismo social.

Han pasado años desde mi última visita. Hoy día estoy terminando mis estudios de maestría en salud pública y haciendo planes para un doctorado. Últimamente he pensado mucho en mi abuela y en la distancia que nos separa. De vez en cuando una llamada telefónica hace un puente entre nuestras vidas, pero los comentarios cordiales y formales que intercambiamos no logran tomar el lugar de esas conversaciones divertidas que teníamos bajo el mosquitero mientras El Cuco intentaba mirar por la ventana. A veces temo que no quedará nada que mi vincule con las tradiciones de mi gente. Es entonces que pienso en la hija que mi esposo y yo queremos tener y en lo mucho que ella disfrutará de sus veranos en Puerto Rico.

---

# COMPRENSIÓN Y OPINIÓN

## Actividad A ¿Qué dice la narradora?

Indique al personaje que se describe en cada afirmación.

a. la narradora    c. el abuelo    e. los tíos
b. la abuela    d. los primos    f. la madre

1. _____ Se untaba cremas en el rostro y los brazos antes de acostarse.
2. _____ No quería dormir en la misma recámara con cucarachas voladoras.
3. _____ De niños, salían corriendo a saludarla; de grandes, iban más *cool*.
4. _____ Quería que la narradora aprendiera a hacer los quehaceres domésticos.
5. _____ Juraba que sabía mucho inglés.
6. _____ Cerraba las persianas detrás de la cama para que El Cuco no la viera.
7. _____ Continuó su educación a pesar de muchos obstáculos.
8. _____ Dibujó una bandera puertorriqueña y un coquí.
9. _____ Llevaban a los niños a la playa para que no se aburrieran.

## Actividad B  ¿Qué opinan Uds.?

En grupos de tres o cuatro estudiantes, comenten las siguientes preguntas.

1. ¿Por qué es importante mantener los vínculos con parientes que no viven en los Estados Unidos?
2. ¿Qué papel desempeñan los abuelos en la vida y en el desarrollo de sus nietos?
3. ¿Temen Uds. la pérdida de las tradiciones de «su gente»? ¿Por qué sí o por qué no?
4. El coquí es un animal que para muchos es un símbolo de Puerto Rico. ¿Saben Uds. si hay algún símbolo que represente su país de origen (o el de su familia)? ¿Qué importancia tienen estos símbolos para Uds.? Si algunos de Uds. son de origen puertorriqueño, elaboren sobre el coquí como símbolo de Puerto Rico y el significado que tiene en su vida.
5. ¿Qué diferencias notan Uds. entre sus familiares que viven en otros países y Uds. mismos? ¿Qué efecto ha tenido en Uds. la socialización estadounidense? Expliquen.
6. ¿Se han sentido Uds. diferentes de los demás estudiantes mientras han asistido a las escuelas norteamericanas? Expliquen.

## Actividad C  Un paso más

Escriba una composición de una a dos páginas para describir cómo pasaría Ud. un verano en su país de origen (o en el país de origen de su familia). ¿Qué haría? ¿Adónde iría primero? ¿Qué le gustaría ver? ¿Qué le gustaría comer? ¿A quiénes visitaría? ¿Cómo cree Ud. que se sentiría?

# El tapiz

## Manuel Fernández

Manuel Fernández *sacó la maestría en Psicología de la Universidad de Northeastern en Boston, Massachusetts. Trabaja como terapeuta de familias con el New England Home for Little Wanderers, una agencia de salud mental, ayudando a familias de varias culturas con los desafíos de la vida. También ofrece consultas a organizaciones grandes y pequeñas sobre cómo mejorar las relaciones entre jefe y trabajador. Criado en Miami, Fernández ahora vive en Boston con su pequeña familia, que incluye su perro más querido, Jack.*

El gobierno de la Revolución no la dejó salir con mucho más que su propia vestimenta. Abuela, siempre con drama y un poquito de amargura, decía, «Salí de Cuba con una mano por delante, y otra por detrás.» Y en verdad, así fue (más o menos). No tuvo más remedio que dejar en La Habana su negocio —una pollería llamada Chicken Ready— de la cual era dueña con mi abuelo Jesús. Ropa, joyas, muebles, familiares, amistades, terreno —todo lo dejó cuando se fue.

Es obvio que en ese día, al cabo de los años cincuenta cuando empezó la Revolución, hubo un cambio de gobiernos y de ideologías. Pero las pérdidas de muchos de los ciudadanos de la isla quizás no es tan claro. Abuela

Pilar y su familia no pensaban que el gobierno planeaba asumir posesión de varios aspectos de la vida de sus ciudadanos, incluyendo la pollería Chicken Ready. Ni siquiera mi abuela, echando barajas españolas (y supuestamente clarividentes) no sabía lo que la esperaba. Pero en fin su estilo de vida fue completamente cambiado para siempre, y su tierra fértil se convirtió en propiedad de la Revolución.

Sin embargo, Pilar logró entrar en los Estados Unidos vestida con un poco más que sus dos manos. Ambulando por los pasillos del aeropuerto de Los Ángeles, también cargaba una cartera muy rara, con manillas hechas de soga, y el cuerpo de la cartera parecía alfombrado por dentro y por fuera. La llevaba aplastada contra su prodigioso pecho, como si cargara joyas preciosas. Sin embargo, adentro estaba casi vacía, con la excepción del chicle que llevaba y sus papeles oficiales que distinguían a Pilar de las Nieves Fernández Méndez Pérez Fernández como refugiada cubana pidiéndole asilo político al gobierno estadounidense.

Pues así entró el tapiz de mi abuela Pilar en los Estados Unidos. Mi abuela, siendo el primer miembro de su familia que se asiló en este país, buscó su primer apartamento viviendo con una familia americana y les pagaba renta con la limpieza de su casa. Pero al llegar a su nuevo dormitorio, deshizo los hilos que le daban forma a su «cartera», y desenrolló el tapiz que compró hace tiempo en México. Era inmenso, ocho por seis pies en tamaño. Hecho en España (donde nacieron ella y su esposo Jesús, mi abuelo), la imagen era de unos gallegos tañendo guitarras y tocando acordeones. Entre ellos, en el mismo centro de la imagen, bailaba una maja de vestido flamenco. Giraba vigorosamente y tocaba castañuelas. Luego, cuando mis abuelos tenían casa más estable, el que entraba por la puerta de la casa de mis abuelos siempre fue recibido en parte por estas imágenes regocijando y bailando, a despecho de los frecuentes males humores (y peleas con mi abuelo) de mi abuela.

Durante mi niñez en Los Ángeles (donde nací) y luego en Miami, esa gran imagen de los músicos y la bailarina representaba lo único que tuvo mi familia cuando por primera vez entraron en este país, la única propiedad de lo nuestro, y es hasta hoy en día el recuerdo más prominente de mi vida en Miami.

Debajo de esta imagen de jarana musical, mi abuela me mecía en su sillón cuando era pequeño y no me podía dormir de otra manera. A veces me cantaba canciones o me contaba de su vida cuando era joven. En otras ocasiones los de mi familia se sentaban en el sofá debajo del tapiz y me hablaban de los diferentes aspectos de inmigración en la historia de nuestra pequeña familia. Muchos de estos cuentos fueron encajados con cierta cantidad de resentimiento y tristeza.

Mis abuelos paternos emigraron a Cuba desde las provincias de Asturias y Castilla y León, en el norte de España. Llegaron a Cuba sin conocerse, cada uno con la intención de encontrar una vida oportuna en el nuevo mundo de las Américas. Allí en La Habana se conocieron y se casaron, luego produciendo dos hijos: Jesús y mi padre, Manolo. Era una familia próspera, disfrutando del buen éxito de su pollería. Por supuesto, nadie tenía la menor idea que llegaría la Revolución, y que todo se convertiría en propiedad del Estado.

Mi padre y su hermano protestaron las acciones del nuevo estado revolucionario, y el resultado fue que el gobierno los persiguió hasta que cazaron a tío Jesús y lo encarcelaron. Mi padre, dichosamente, logró escalar el muro de la embajada uruguaya y ahí se asiló por un año, bajo el ojo vigilante del gobierno, hasta que mi abuela, pidiéndole ayuda por medio de cartas a los soberanos de varios países desde su casa en Los Ángeles, lo pudo sacar bajo pasaje diplomático. A mi tío, después de varios años en una prisión del gobierno, lo soltaron, y se fue a California a vivir con sus padres y su hermano.

Mi madre llegó a los Estados Unidos desde Lima, Perú, bajo otras circunstancias. En vez de pedir asilo político, entró en los Estados Unidos solamente como inmigrante. Norma no se fue por razones políticas, sino que andaba en busca de más oportunidades de trabajo que no existían en su país. Se despidió de su madre, mi abuela Raquel y de su hermana Gladys, y solita a Nueva York se fue. Aunque logró encontrar trabajo como limpiadora de casas, la primera caída de nieve y el frío del primer invierno la mandaron como una flecha hacia temperaturas más livianas. Y así llegó a Los Ángeles, bajo la recomendación de su hermana, que atestiguó muy positivamente a favor del calor allá.

Allí se conocieron mis padres, en un baile de jóvenes en Los Ángeles. Luego se casaron y tuvieron dos hijos (mi hermano Miguel nació cuatro años después que yo).

Nos mudamos a Florida cuando yo tenía seis años. Cuando empecé el primer grado de la escuela, de veras empecé a usar el inglés más frecuentemente. Y desde ese principio comencé a enfrentarme con inglés casi todos los días. La escuela, incluso la televisión americana, me abrieron las puertas de asimilación. Igual que muchos hispanoamericanos nacidos aquí, también tuve que aprender a balancearme en la cúspide entre mi herencia hispana y la caldera inmensa que es la cultura americana. Me fascinaban no solamente los programas americanos absorbentes, sino también el idioma de los americanos. En breve aprendí todos los dicharachos y coloquialismos, y con el transcurso de mi niñez, más se desarrollaba una identidad como americano hablante de inglés, una identidad que muchas veces estaba en conflicto con la identidad de hispano, la cual mis padres trataron de inculcar en mí.

Cuando llegué a la Universidad de Miami, me sentí muy confundido con los varios aspectos de mi identidad cultural. ¿Quién era yo? ¿Era hispano o americano? Además, me sentía avergonzado de este conflicto. Mis amigos americanos no tenían este dilema, pues se consideraban muy americanos, sin dar importancia a sus herencias polacas, británicas o alemanas. No sabía quién era yo, y simplemente no quería asociarme con «lo antiguo» de mis padres hispanos, sino abrazar «lo moderno» de lo americano —la música y el inglés. También aprendí a valorar el sentido al que los americanos les dan mucha importancia: la independencia personal de cada persona, un tema que, en mi rebeldía adolescente, pensaba que me ayudaría a manejar mi vida sin la interferencia de mis padres «anticuados». Quizás mi decisión de mudarme a Boston a estudiar para la maestría en psicología fue basada en estos pensamientos adolescentes.

¡Qué perspectiva trae la vida! A despecho de mi nueva vida en Boston, una ciudad bella, antigua (¡pero no anticuada!) y muy histórica, algo me hacía falta dentro de mi ser. Cuando terminé mi carrera en la Universidad de Northeastern, decidí quedarme en Boston, pero sentía una sequía en el alma, algo que no estaba completo en mi vida. No lo podía adivinar. Acabando mis estudios en la universidad, encontré empleo como terapeuta de familias, y me encantaba el trabajo. Me enfocaba específicamente en familias que pasaban por crisis tras crisis. La mayor parte de mi clientela eran varoncitos adolescentes y preadolescentes que sufrieron varios tipos de abuso. Tenía mucha energía en este trabajo, pero en mi vida personal me perseguía la sequía espiritual. Me sentía aislado y solo a veces, y no sabía cómo conocer y cultivar amistades, ni siquiera estaba seguro si las deseaba tener.

Y llegó el día en que recibí una portentosa llamada telefónica. Era una amiga querida desde Miami, en cuyos brazos lloré cuando salí de Miami. Esta amiga me hablaba excitadamente. Quería decirme de un nuevo álbum de música cubana que encontró y acababa de escuchar. Me suplicó —no, me ordenó— que saliera a comprarlo. Cuando lo escuché luego al anochecer, se me abrió una fuente de emociones que ni sabía que existían. La cantante del álbum me serenaba de melodías tan lujuriantes como la misma flora verdosa de Miami. Me acordé, en un diluvio de guitarras, tambores, piano y una voz femenina tan excepcional, de las melodías que eran parte de mi herencia, de mi niñez, de mi familia. ¡Y mi familia! ¡Cuánto los extrañaba! Después de varios años en Boston, aunque hablaba con mis padres cada semana, no tenía el conocimiento que los extrañaba, que extrañaba todo lo que dejé atrás. Que a veces me sentía solo. Entre las notas musicales de estas canciones, surgían no sólo imágenes de mi niñez, sino también el aroma tan rico de ajo de la comida cubana de mi casa, los sonidos conocidos de argumentos y discusiones en español en cada esquina de Miami y un deseo de reconocerlo todo una vez más.

Aparte de las melodías, las letras de las canciones parecían ser escritas y dedicadas a mí. La cantante expresaba sentimientos de asimilación, de cómo ella quiere tener harmonía en su espíritu y en su vida. Ella cantaba de sus costumbres y raíces y que el conocimiento de esta herencia cultural la hace una persona completa, a la misma vez humilde y orgullosa. Nunca quería despojarse de su origen, me cantaba; al contrario, ella me decía que la vida para ella es una celebración de su identidad cubana.

No quiero expresar incorrectamente que anteriormente me sentía arrepentido de ser hispano, o que ocultaba mi herencia con mis amigos, sino que no había apreciado mi cultura tan profundamente como ese día en que oí esa música cubana. Pasé la noche escuchando a esta cantante y su música y recordando momentos en mi niñez que quedaban en la extremadura de mi memoria, casi olvidados por completo.

Me acordé de cuando tenía cinco años y mi abuela me cuidaba durante los días que mis padres trabajaban; de cómo abuela me esperaba a la entrada de mi escuela cuando sonaba la campana al final del día, ella con un juguete en mano para su nieto; del divorcio de mis padres cuando cumplí mis catorce años; de los cuentos de la vida en Cuba antes de la Revolución que me hacía mi abuela mientras nos sentábamos debajo del tapiz. El tapiz. Me acordé que durante mi niñez, durante los cuentos de abuela Pilar sentados debajo de él, a veces quería pisar dentro de la imagen del tapiz y bailar junto con la bailarina y sus compañeros, los músicos.

Escuchando la música ya como adulto esa noche, también quería entrar de nuevo en la imagen clavada en la pared, allá en la casa de mis abuelos tan lejos de mi dormitorio en Boston. Quería hacer conexión con el símbolo de mi herencia cultural, con el símbolo de lo que mi familia retuvo al llegar en este país. Pero vivía tan lejos de él y de mi familia. Qué raro que unas canciones pudieran afectarme tan profundamente, dejándome con lamentos y alegrías a la vez.

Después de ese día pensé con el paso del tiempo en integrar los diferentes aspectos de mi vida para en fin sentirme más completo como ser humano. No quería perder más tiempo sintiéndome aislado en mi vida en Boston. Llegué al conocimiento que me he sentido triste por mucho tiempo, sin darme mucha cuenta. Pero después de tanta confusión e indecisión por mi parte, yo quería hacer un cambio en la vida y tratar de despojarme de estos lamentos. Pues fue en el trabajo que empezaron estos cambios.

En mi profesión como terapeuta de familias, trabajo con muchos niños de varias culturas. Algunos son americanos, pero la mayoría son varoncitos hispanos que sienten muy profundamente los trastornos del abuso físico, sexual o de negligencia. A muchos no les quedan ni confianza ni esperanza, y llegan a mi oficina mandados *a la cañona*, como dice mi abuela, porque están bajo la custodia del estado, y por obligación tienen que asistir. Por eso mismo no tienen mucha fe en la consejería terapéutica, ni a mí me tienen mucha confianza. El obstáculo más difícil es ganarles la confianza a estos muchachos. A veces entran en mi oficina con el estupor de esos sonámbulos en busca del refrigerador a medianoche, a veces irrumpen en mi oficina como relámpagos llenos de energías e inquietudes.

El intento mío es de establecer alguna conexión con estos jóvenes. Muchas veces yo soy el primer y único hombre que ha mostrado preocupación por ellos en su vida. Casi todos han expresado (directa o indirectamente) deseos de mejorar su vida, de vivir con salud y sensatez. En muchos de estos jóvenes yo veo elementos de mi propia experiencia cultural. Muchos están atrapados entre dos fuerzas muy potentes: las costumbres, tradiciones y herencias de sus raíces culturales, y las nuevas costumbres («más modernas») de la vida en los Estados Unidos. Muchos de estos muchachos llegan a tener problemas en el hogar, y hasta con el aprendizaje en la escuela, debido al conflicto que sienten entre estas fuerzas que permanecen (al parecer) fuera de su control. En verdad siento compasión y afecto por estos muchachos, que son un reflejo de mi propia herencia bicultural.

Un niño de nueve años, por ejemplo, fue diagnosticado con problemas del habla. Sin embargo, entrando por la puerta de mi oficina hablaba como si se hubiera comido una cotorra. Resulta que no quería que sus compañeritos americanos le oyeran hablar inglés con acento español. Aprovechamos muchas citas no sólo para practicar el inglés que tenía que usar en su escuela, sino para que yo le contara de cómo logré manejarme en inglés cuando era pequeñín en la escuela. Poco a poco, descubrió la fortaleza para empezar a hablar en sus clases.

Pero un muchacho en particular, hispano y de doce años, me impresionó por total. Muchas veces llegaba a su cita conmigo triste, ansioso y trastornado. No hablaba inglés muy hábilmente, y se sentía avergonzado con sus compañeros americanos. Me decía que quizás debería regresar a su país, porque no sabía cómo llevarse con otros. Me hacía preguntas que en mi experiencia ya eran conocidas: ¿A qué cultura pertenezco?, ¿Soy americano o latino?, ¿Cómo puedo ser los dos? Su padre se había marchado de su familia hacía ya varios años, y aunque en mi papel como terapeuta nunca debo llenar cierta vacancia, para mis clientes sí puedo servir como modelo de un hispano saludable y enérgico. Junto con este muchacho empezamos a hablar de nuestros platos favoritos, y comparando la cocina española y cubana con la de su país. Con el paso del tiempo le hice escuchar el álbum atesorado que me cambió la vida en aquel día, yo con la esperanza que, escuchándolo, él pudiera empezar a integrar en su vida el espíritu hispano con el espíritu americano.

Gradualmente hablábamos más en inglés y poco a poco formamos una relación fuerte y sana. Yo traté lo más posible de ayudarlo a identificar sus sentimientos, que a veces le daban cólera sin explicación. Después de muchos meses de terapia, se notaba que su cara, originalmente mirando con ceño, sonreía más y más frecuentemente.

Nunca me he olvidado de ese muchacho. Cuando me acuerdo de él, años después, no puedo dejar de sentir afecto por él. Tengo un entendimiento especial de lo que pasó, y de lo que me imagino que sigue pasando. Yo he tratado, quizás toda mi vida, de buscar una identidad completa, y en verdad ha sido una lucha. Desde que entré en la carrera de psicología, tuve el pensamiento que escogí la carrera de ayudar a las familias a resolver sus problemas, porque en parte mi propia familia tuvo muchos problemas que resultaron en el divorcio de mis padres. Pero ahora pienso que también quise ayudar a otros hispanos a integrarse en esta gran caldera de sociedad americana. Quizás ayudando a otros a sanarse, yo mismo pudiera sanar esa sequía. Al fin y al cabo, hay un refrán que dice que uno tiende a enseñar lo que más quiere aprender.

Mirando hacia el futuro, la meta mía es ayudar a estos muchachos no solamente a enfrentarse con la vida, sino también a tener aprecio de sus herencias culturales. Aunque yo tuve que resolver mis confusiones sintiéndome solo y aislado, puedo ayudar a estos jóvenes hispanos a aprender y desarrollarse en una forma positiva y a buscar una firme identidad cultural que los ayudará cuando sean adultos. No lo harán solos, sino en compañía de este hispano con experiencia muy personal en estos asuntos.

Espiritualmente, también yo sentía hambre, y después de muchas investigaciones y visitas a varias iglesias y centros espirituales, encontré una iglesia que, junto con mi trabajo, también alimenta mi espíritu. Cada vez que asisto a misa encuentro una nueva oportunidad para ser más espiritual con el prójimo. Oyendo la misa puedo reflexionar sobre mis acciones y cómo puedo sentir la paz espiritual en mi vida. Aparte de esto, también tengo muchos conocidos en esta comunidad espiritual, y de ellos tengo algunas amistades buenas y sólidas.

La meta mía es seguir alimentando mi vida, y continuar uniendo los diferentes aspectos de ella para sentirme más completo y poder ayudar a otros en mi comunidad. Quiero seguir celebrando la diversidad de mi origen étnico, y quiero que la juventud de mi comunidad haga lo mismo. Juntos encontraremos nuestras raíces y celebraremos nuestra cultura. Logrando esto, junto con la conexión profunda que he hecho en mi iglesia y las nuevas amistades en mi vida, me da razón para sentir alegría y regocijo en mi corazón, como las imágenes en el tapiz de mi abuela Pilar. Esa alfombra que, con cabos sueltos y manchas de la edad, representa para mí hoy en día la alegría de ser un ser humano completo, con raíces en el pasado y mirando hacia el futuro. Ya veo que tengo que enlazar los varios hilos, filamentos y cabos sueltos de mi vida y construir mi propio tapiz, y en él veré la imagen de un muchacho que antes se sentía triste y confundido, pero logró aprender a bailar y cantar, y que trata de enseñar a otros alrededor de él a hacer lo mismo.

# COMPRENSIÓN Y OPINIÓN

## Actividad A ¿Qué dice el narrador?

Complete cada oración con las palabras o frases apropiadas de la narración.

1. El tapiz de la abuela Pilar entró en los Estados Unidos disfrazado en forma de _____.
2. El padre del narrador logró escapar del gobierno revolucionario refugiándose en la _____ uruguaya, donde se asiló por un año.
3. Los padres del narrador se conocieron en _____, pero después la familia se mudó a _____.
4. El narrador fue asimilándose a la cultura norteamericana principalmente a través de la _____ y la _____.
5. Después de terminar su carrera universitaria, el narrador empezó a trabajar como _____, ayudando a jóvenes que pasaban por crisis.
6. Después de una llamada telefónica de una amiga, el narrador escuchó un _____ que le hizo acordarse de su herencia, su niñez y su familia.
7. La nueva conexión con su familia y con su herencia transportó al narrador a su niñez, cuando su abuela le hacía _____ sentados debajo del tapiz.
8. Algunos de los jóvenes pacientes del narrador tienen problemas en casa y en la escuela debido a los _____ que sienten entre dos fuerzas culturales.
9. Un niño en particular había sido diagnosticado con problemas del _____, pero en realidad no quería que sus compañeros de escuela lo oyeran hablar inglés con acento español.
10. El niño que más impresionó al narrador fue uno que se preguntaba a qué cultura _____.
11. El narrador piensa que quizá escogió la carrera de psicología no sólo para ayudar a las familias, sino también para ayudar a otros hispanos a _____ a la sociedad norteamericana.
12. El narrador encuentra su alimento espiritual en su trabajo y también en una iglesia donde puede _____ y sentir paz.

## Actividad B ¿Qué opinan Uds.?

En grupos de tres o cuatro estudiantes, comenten las siguientes preguntas.

1. ¿Escuchan o han escuchado Uds. los cuentos y anécdotas de sus abuelos sobre su país de origen? ¿Qué importancia tienen estos

cuentos y anécdotas? ¿Tienen alguna influencia en la manera en que Uds. se ven a sí mismos o a su mundo?

2. ¿Creen Uds. que los hispanos tienden a mudarse a ciudades o regiones de los Estados Unidos donde hay más hispanos, particularmente de su propio grupo? Expliquen. ¿Saben Uds. de alguna familia, quizá la suya propia, que se haya mudado de una ciudad en los Estados Unidos a otra para vivir entre hispanos o cerca de ellos? ¿Qué razones tenía la familia por querer vivir más cerca de otros hispanos?

3. ¿Cómo influye la cultura estadounidense en la vida de los niños y jóvenes hispanos? ¿Qué aspectos de la cultura estadounidense les fascinan a los jóvenes y por qué les interesa tanto esta cultura?

4. ¿Sienten Uds. ahora o han sentido alguna vez conflictos entre la cultura hispana y la estadounidense? ¿Piensan que se puede encontrar la propia identidad cuando la persona se encuentra presionada por dos fuerzas culturales que le imponen diferentes tipos de expectativas? ¿Cómo ha afectado el conflicto entre las dos culturas su vida y su propia identidad? ¿Piensa cada uno de Uds. haber definido su propia identidad? ¿Cómo lo han hecho?

5. ¿Creen Uds. que las familias hispanas en los Estados Unidos están predispuestas a sufrir crisis y a encontrarse involucradas en problemas como la adicción a las drogas, el pandillerismo, el divorcio, el acoso sexual, la agresión doméstica, etcétera? Si su respuesta es afirmativa, ¿cómo se podría explicar esto?

6. ¿Piensan Uds. que es más difícil para los estudiantes universitarios hispanos vivir lejos de casa que para sus compañeros anglos? ¿Por qué? ¿Es común que los jóvenes hispanos se vayan a estudiar a una universidad lejos de la ciudad donde vive su familia? ¿Qué factores contribuyen a su respuesta?

7. ¿Qué tipo de impacto puede producir la música o cualquier otra manifestación cultural o artística en una persona? ¿Por qué piensan Uds. que el escuchar un álbum de música provocó sentimientos tan fuertes en el narrador? ¿Qué puede significar una canción, un libro, una foto, etcétera, cuando el tema está relacionado con la cultura hispana en particular?

8. ¿Han tenido Uds. alguna experiencia que les haya permitido descubrir y apreciar más su cultura hispana? ¿Cómo ocurrió? ¿Qué fue lo que provocó en Uds. tales emociones (cierta música, un viaje, una comida, un cuadro, una conversación con un pariente, etcétera)? ¿Qué aprendieron de esa experiencia?

9. ¿Saben Uds. del caso de algún niño o niña a quien se le haya hecho un diagnóstico equivocado por el simple hecho de ser hispano/a? ¿Cuáles fueron las circunstancias? ¿De qué formas el hecho de ser

bicultural o bilingüe puede contribuir a diagnósticos equivocados o a otras experiencias negativas?

10. ¿A Uds. les gustaría seguir una carrera que les permitiera ayudar a otros hispanos? Expliquen. ¿Cuáles son las profesiones en las que se puede trabajar con hispanos y ayudarlos?

## Actividad C  Un paso más

¿Qué riesgos políticos y personales corren las personas que desean escapar de su país por razones políticas? Escriban en la pizarra una lista de cinco o seis países latinoamericanos (u otros) en los que Uds. saben que hay gente que desea emigrar por motivos políticos. Divídanse en grupos, un grupo por cada país que aparece en la pizarra, y comenten los riesgos políticos y personales que corren en ese país las personas que quieren salir de allí. Luego, un estudiante de cada grupo se encargará de informarle al resto de la clase lo que se comentó en su grupo. Después, toda la clase hará una comparación de lo distinto de la situación en cada uno de los países mencionados.

# $S$aber el idioma del corazón

## Renato Lombardi

Renato Lombardi *nació en 1965 en la Argentina. Llegó a los Estados Unidos en 1991 y se estableció en Saint Paul, Minnesota, ciudad en la cual todavía vive. Es artista multidimensional: escribe música y poesía, compone obras de arte de dos y tres dimensiones y es diseñador. Ha celebrado exposiciones de su arte en galerías y museos en Minnesota y Georgia. También da talleres y clases de arte para jóvenes, adultos y familias. Actualmente trabaja con jóvenes del oeste de Saint Paul en un proyecto interdisciplinario con poesía, música y vídeo.*

$T$omé una pausa para descansar y pensar en otra cosa. Sé que dentro de dos semanas tengo que terminar esta nueva serie de esculturas y objetos en madera si es que quiero participar en esa exhibición. La música de Astor Piazzolla se escucha en todo el taller a pesar de que afuera está nevando y que el paisaje es el de un barrio industrial en Saint Paul, Minnesota y no el de una ciudad intensa llena de edificios y tráfico y gente, todos buscando un poco de tranquilidad.

Entre mate y mate y mirando algunas pinturas y obras viejas y a casi siete años de haber llegado a los Estados Unidos, me encontré contemplando como otras veces, cómo es que vine a parar aquí. Cómo la vida con

**79**

sus vueltas inasibles me trajo y entre limitaciones, expectativas y mucha paciencia mi historia cambió, mi forma de ser se multiplicó y hasta mi forma de hablar, dirían mis amigos, ya no es la misma.

Crecí en Buenos Aires, una ciudad llena de misterios que me atrapó desde que llegué con mi familia cuando yo apenas tenía siete años. Mi familia es de Entre Ríos, o como dicen allá, del interior. Siendo «provincianos» nos sumamos a los muchos que llegaron a la capital para tener más oportunidades económicas con el sueño de vivir mejor. En esta ciudad cosmopolita a orillas del Río de la Plata, la gente tiene un ritmo único y sus calles vibran continuamente con un movimiento que no la deja dormir. Quizá sea por el ir y venir de tanta gente que Buenos Aires tenga muchos «aires» de otras partes del mundo y, de todas formas, siga siendo un lugar vertiginoso y difícil de olvidar.

En estos aires mágicos y agitados el tiempo fue pasando y la música y el arte llenaron mi vida con más sentido aún que muchos otros intereses. Ya adolescente, las primeras grandes lecturas dieron luz a la fantasía de escribir. Paralelamente los primeros discos de jazz despertaron mis sentidos musicales guiándolos a espacios en donde diferentes emociones se combinaban con resultados sorprendentes. Se hizo natural que algunas de las cosas que escribía al principio —casi como resultado de los primeros encuentros con el amor— empezaran a formar parte de la música que se oía desde mi guitarra. Así fue que esto se convirtió en un vehículo de expresión perfecta para decirle al mundo lo que yo pensaba.

Mis observaciones del mundo en esos días combinaban un conglomerado de referentes que tamizaban los cuentos de Cortázar y Kerouac con la poesía de Artaud y Vallejo, el arte de Cornell o Nevelson con los comics de Fontanarrosa, la profundidad de Jung con lo dinámico de Miles Davis o la fusión de Spinetta y el tango con The Police y Laurie Anderson.

Los 80 fueron como una gran licuadora de la que puedo decir soy parte. Después de muchos años de oscuridad e incertidumbre social y política en la Argentina, la democracia facilitó esta conexión con lo de uno y el mundo sellando definitivamente en mí el deseo de ser artista. En el grupo de amigos al que yo pertenecía todos de alguna manera estábamos inclinados a ser artistas. «Los Felipes», como nos habíamos autodenominado, éramos bailarines, fotógrafos, cantantes, actores y creímos en la necesaria necesidad de expresarnos. Así, teatro y cine y muestras y conciertos y noches sin dormir y risas y desparpajo forjarían lo que somos hoy. Para mí, era poder ser músico o pintor o actor o poeta. En Buenos Aires, habitada por muchos millones de personas, uno tenía que hacer lo que fuera necesario para poder ser artista.

Después de muchos ensayos y tiempo de practicar y practicar este sueño empezó a tener un sentido más real y alguien que vio tocar «La Pandilla», el grupo de rock del que yo formaba parte, decidió darnos su apoyo y grabar nuestro primer álbum. Un tiempo más tarde, me hablaron por teléfono del grupo «Max» porque necesitaban un guitarrista para tocar música *country-folk* norteamericana. Aprendí, o mejor dicho, emulé este estilo y trabajé ganándome la vida por un par de años. Con ellos también luego grabaría el segundo álbum en mi carrera de músico.

Mis pinturas y objetos ocupaban todo el tiempo libre que tenía cuando no hacía música. Recuerdo que mi cuarto estaba lleno de materiales y cosas que encontraba en la calle y que luego por su belleza los incorporaba en mis trabajos. Mi familia a todo esto siempre estuvo dispuesta a brindarme lo que fuera necesario, y aunque la situación económica en mi país en esos tiempos nunca fuera estable, en cambio recibí la seguridad de todo su amor.

Una tarde yendo a ensayar, una chica se sentó a mi lado en el colectivo. Ella hojeaba una carpeta con fotos de obras de arte. A pesar de mi timidez intercambiamos palabras acerca del arte y la música, especialmente cuando mencionó que era estadounidense. Me interesó saber su opinión al respecto así que la invité a que nos fuera a escuchar. Quedamos luego para salir y conocernos un poco más.

Cuando Angela visitó mi casa para ver mis obras quedó impresionada. Me sugirió que les tomáramos fotos con la posibilidad de presentarlas en los Estados Unidos. Esto, que no estaba en mis planes, me colmó de nervios y expectativas. Tener la posibilidad de exhibir mi obra en el extranjero era irreal para mí. Además, la oportunidad de viajar a los Estados Unidos era para mí un sueño en más de un sentido.

Dos años más tarde y después de muchos arreglos, en el verano del 91 viajé a Minnesota, invitado a una exhibición y conferencia para artistas internacionales sobre la transformación de los símbolos en el arte contemporáneo. Estas vacaciones afuera de la Argentina resultaron para mí una sorpresa en más de un sentido. Ese casual encuentro con Angela en un colectivo en Buenos Aires dos años atrás terminó en casamiento.

Por alrededor de un año, o quizás dos, no me di cuenta que estaba lejos de mi país, no sólo físicamente sino emocionalmente. Confieso que al principio aquí todo resultó una novedad. Sorprendido de cómo todo funcionaba tan eficientemente, tuve que ajustarme el cinturón y tratar de entrar en esta máquina de la sociedad norteamericana que no para por un segundo. Esto si bien no había formado parte en mi experiencia de trabajo anterior en la Argentina para mí presentó una oportunidad de probarme que lo podía hacer donde fuera y ser artista era ser artista aquí o allá.

Por un lado con la música pensé que se podría vivir tocando profesionalmente con un grupo, mientras que mis pinturas y objetos pudieran ocupar el lugar en una galería y crecer en ese campo de esa manera. Debo decir que mi inglés era muy limitado y que había muchos buenos artistas que llevaban tiempo esperando que se les diera. Durante las noches y para vivir tuve que trabajar limpiando oficinas mientras que por el día trabajé haciendo construcción o como jardinero a la vez que tomaba clases de inglés para poder ser más eficiente con mi comunicación. A pesar de todas mis frustraciones con el idioma mis deseos de conectarme con otros artistas fue aún más fuerte.

Por casualidad conocí a unos músicos del Caribe quienes me invitaron a tocar a su grupo. Estaba muy feliz y sorprendido de que al poco tiempo de haber llegado ya estuviera conectándome —y en español— teniendo la sensación, por momentos, de sentirme como en mi propio país. Me preguntaron si me gustaba tocar algún tipo de música latinoamericana en particular y no supe qué responder. Quizá fue la primera vez que una pregunta así me hizo reflexionar sobre el lugar que tiene la música de mi propio país en el contexto latinoamericano.

Mientras tanto, el ensayo comenzó y la clave le dio paso a las tumbadoras y así la percusión creó el ritmo de una música que yo había escuchado y bailado anteriormente, pero que nunca había tocado. Comenzaron a sonar guajiras, cumbias, boleros y muchos otros géneros de la música caribeña que realmente no conocía. Sin saber muy bien cómo tocar eso en mi guitarra, observé y fui «todo oídos». Ellos, al darse cuenta, me preguntaron si esta música no se tocaba en la Argentina. Les dije que había grupos que tocaban salsa pero que lo hacían con un estilo menos folklórico, de una forma más bailable y que yo podía notar ciertas diferencias, especialmente dado a que ellos eran caribeños y éste era definitivamente el folklore de sus tierras. Yo, en cambio, había crecido con géneros populares argentinos como la zamba y la chacarera entre los más conocidos del folklore. Por otro lado, el rock en español durante los años 70 y 80 había tomado diferentes elementos de esta música popular y los había mezclado con un idioma más cosmopolita.

A pesar de estas diferencias y como me gustan los desafíos, poco a poco empecé a tomarle el gusto y a aprender esta música llena de vitalidad y pasión. Tanto los ritmos como la armonía de esta música nueva no habían formado parte de mi niñez. Para mí era algo foráneo. Esta experiencia me hizo pensar en mi propio país cuando tuve que aprender música country norteamericana para poder tocar en Max. Como en esa oportunidad anterior, mi idioma musical se enriqueció y creció muchísimo. Este contacto con géneros de otras geografías culturales irrumpió mis propias formas creativas y ayudó a proyectar otros principios, otros caminos para desarrollar la música. Era indudable que este lenguaje extrovertido podía expresar diferentes estados de ánimo a los que yo estaba acostumbrado.

Tocar entre instrumentos percusivos como congas, bongoes, cencerros y güiro es una experiencia corporal única. Los sonidos entrelazados rítmicamente entran en el cuerpo y se apoderan de los sentidos, y sin saberlo, uno se encuentra bailando. El carácter que posee la música latinoamericana quizá se deba a la gran influencia africana que al mezclarse con los instrumentos de cuerdas traídos por los españoles y los instrumentos de viento y percusión que existían en la América precolombina crearon una forma y variedad únicas. Claro que todas las demás colonias que luego se establecieron trajeron su propio folklore que con el tiempo se uniría al gran tapiz musical que hace único a este continente. Pienso en los distintos modelos de acordeón traídos por los alemanes y en los diferentes usos musicales que se les dio desde el tango, la música del nordeste del Brasil, la música vallenata de Colombia y hasta el fronterizo Tex-Mex para mencionar algunas de las transformaciones, a pesar de que uno puede escuchar todavía en su sonido ciertos rasgos del folklore europeo. Ésa es una de las ventajas que más aprecio de poder vivir aquí, donde muchas de las personas que emigran de diferentes partes del mundo traen consigo su ritmo, su manera de tocar, su personalidad.

Ahora que contemplo la oportunidad que tuve de tocar con músicos de Puerto Rico, Colombia, México y otros países, sé que fue la primera vez que pude intercambiar musicalmente un lenguaje que puede ser regional pero que mágicamente se convierte en universal. Cuando nos presentábamos a tocar en vivo la gente quería escuchar «La Bamba», que fue tocada por primera vez en 1775 en México. Con el tiempo se ha hecho de diferentes formas y muchos norteamericanos la conocen ya que fue un *hit* en los años 50. Otros pedían «Cielito Lindo», una canción con ritmo de vals y muy querida para los mexicanos. Lo mismo pasaba con la canción «Guantanamera», con letra de un poema de José Martí, con la cual la gente del Caribe se sentía más identificada.

En este primer contacto me doy cuenta cuánto tuve que adaptarme y aprender las nuevas modalidades de la gente y su cultura. No solamente experimenté un gran cambio con la idiosincrasia que tiene la gente aquí, sino con gente que hablaba mi propio idioma. Como era más natural para mí hablar español, dejé ciertas características propias en mi forma de expresarme, para que los otros latinoamericanos me entendieran mejor. Por ejemplo, reemplacé el uso de **vos** con el **tú**. Me fui acostumbrando a usar la **y** y la **ll** de una forma menos fuerte ya que la gente notaba una gran diferencia en la pronunciación de ciertas palabras que llevaban esas consonantes. Al saber que era de la Argentina la gente me decía «che». Aprendí que entre los latinoamericanos en los Estados Unidos los grupos de mexicanos, puertorriqueños y cubanos son los más numerosos y percibí por lo tanto que muchas veces cuando se hablaba culturalmente de los «latinos» se hacía una referencia directa a lo mexicano o al Caribe y que estas «definiciones» no incluían rasgos culturales de América del Sur.

A pesar de los muchos amigos que tengo de otros países latinoamericanos, me entristecí cuando observé que no toda la gente que conocí aquí estaba dispuesta a aprender algo de mi propia música. Esto me hizo pensar en el concepto de ser extranjero y vivir en un lugar del que uno no se siente parte. Al hablar con algunas personas que conocí al año de haber llegado me mencionaron cómo la gente se juntaba para celebrar las diferentes festividades de sus respectivos países y de esta forma no perder su identidad. La necesidad de conservar su identidad en algunos casos los privaba de aprender acerca de las similitudes que traíamos de alguna forma u otra. Me encontré pensando todo lo diverso que somos a pesar de que aquí en los Estados Unidos dicen que pertenecemos al grupo de los hispanos o latinos. Sentí que teníamos un mundo de cosas en común por aprender y a la misma vez un mundo de diferencias que aceptar.

Llegó el tiempo en que mi inglés mejoró y que ya no tenía problemas para comunicarme. Fue así que queriendo trabajar con mi arte empecé a dar talleres en las escuelas y luego en centros comunitarios y finalmente tuve la oportunidad de hacerlos en varios museos. Así es que a dos años de haber llegado y trabajando duro, aunque como dicen aquí, estando en el lugar justo en el tiempo en que debía estar, me encontré trabajando independientemente como artista.

Tuve la suerte de poder continuar exhibiendo mis obras, después de esa primera invitación que me trajera a este país. Hubo gente interesada que me brindó su apoyo en galerías, *colleges* y museos y debo decir que esto hizo que yo me profesionalizara. Creo que en este punto recordé cuándo decidí ajustarme el cinturón y entrar a ser parte de esta sociedad. Sé de la situación de muchos artistas en Argentina y creo que esto no hubiera pasado en mucho tiempo. La gente vio en mí alguien que quería crecer y trabajar todo lo necesario para seguir teniendo nuevas oportunidades.

Distintos contactos surgieron a través de trabajos que fui haciendo. Una compañía de teatro me comisionó para hacer la escenografía de una de sus óperas. Este trabajo si bien me exigió mucho, por el otro lado constató mi visión en más de una disciplina en particular y me proveyó con más oportunidades en el futuro.

Tuve la suerte de leer mi poesía en varias ocasiones y lo que resultó más valioso de esta experiencia fue la necesidad de empezar a escribir en inglés. Hubo gente que se interesó en lo que escribía pero me di cuenta que no podía expresar mis sentimientos y la realidad aquí con un idioma que no era el propio. Sugerencias hicieron que yo escribiera en inglés para fomentar más el intercambio con la gente.

Comprendí que en esta tarea de desarrollar permanentemente la creatividad donde no hay tiempos exactos y donde muchas veces hay que correr más de lo que a uno le gustaría, está sin embargo el alimento que yo necesito, una energía que se transforma y que por momentos se torna poderosa. Es indudable que el deseo necesita materializarse y que este lugar me ha brindado esta posibilidad. El contacto con las diferentes gentes del mundo y especialmente con otros latinoamericanos me ha hecho considerar nuevas formas de pensar la realidad. Creo que a casi doce años de haberme tomado seriamente esta profesión recién estoy vislumbrando lo satisfactoria que es.

Sé que muchas veces uno se queda sin exhibir o que hay una oportunidad de grabar que no se concreta, pero la sola posibilidad de hacer lo que a uno le gusta no tiene precio. Cuando miro mi estudio y afuera está nevando sé definitivamente que aquí adentro estoy cocinando esa vieja receta que traje desde mi lugar de origen, con los ingredientes que encontré aquí y que le dieron un sabor aún más especial, sabiendo que la gente puede disfrutar y aprender acerca de lo que uno es, como en una pintura de la que todos formamos parte siendo los diferentes colores.

En todos estos años de estar casado con alguien muy diferente a mí, he descubierto que hay un solo lenguaje que mejor nos comunica.

Angela, mi esposa, decidió con el tiempo de seguir su carrera en literatura latinoamericana y hoy puedo decir que sabe más acerca de Latinoamérica que yo. Ella es la que denota constantemente lo rica y variada que es la cultura de las Américas, de los matices que aporta a una sociedad multicultural como ésta, que aunque no siempre preste atención a la prosperidad que esta situación única puede ofrecer, crea la oportunidad para que a través de nosotros se produzca el intercambio.

Las diferencias hacen importante y necesario el camino que hay que recorrer para que podamos crecer. Recuerdo un comentario la primera oportunidad que tuve para exhibir aquí cuando un artista de Saint Paul se acercó y me confesó que los colores con que pintaba no eran de aquí; que parecían pintados con otra luz, con otro sol. En ese momento no entendí muy bien, sin embargo hoy creo que todos necesitamos muchas veces ver las cosas con otra luz.

Siete años han pasado y las oportunidades de trabajar en lo que amo se han ampliado como producto del intercambio con mucha gente como yo que, en otras circunstancias, llegaron para trabajar y tener su propio lugar aquí.

Muchas críticas se le deben hacer a la sociedad para que tengamos aún más oportunidades que las que tenemos, pensando que es necesario que nos involucremos en nuestras comunidades para hacerles saber de nosotros, de nuestro arte y de nuestra forma de ser, hagamos lo que hagamos y vengamos de Caracas, de Oaxaca, de la Puna, de Santiago o de cualquier parte en Latinoamérica. Para buscar la forma de entendernos más allá de los distintos idiomas y pensar que el tiempo se va rápido como el agua debajo de un puente. Mientras tanto, debemos encontrarnos en el medio de ese puente para intercambiar lo que somos. No nos podemos quedar en nuestros propios lugares o en nuestras propias posturas si queremos ver uno de nuestros colores.

Aquí descubrí después de aprender el inglés y comunicarme con las diferentes gentes del mundo que viven en este país que no se trata de saber otro idioma: para comunicarse realmente sólo hace falta saber el idioma del corazón.

# COMPRENSIÓN Y OPINIÓN

## Actividad A ¿Qué dice el narrador?

Indique si cada una de las declaraciones que siguen es cierta (**C**) o falsa (**F**).

1. _____ El haber vivido en los Estados Unidos ha afectado hasta la manera en que habla el narrador.
2. _____ La estabilidad que trajo la democracia a la Argentina disminuyó los impulsos creativos del narrador.
3. _____ Una joven estadounidense que el narrador conoció en un autobús le sugirió que tomara fotos de sus obras.
4. _____ La compañía de músicos caribeños hizo que el narrador extrañara aún más su país.
5. _____ El narrador se dio cuenta de que los ritmos caribeños evocaban en él los mismos impulsos creativos que evocaba la música argentina.
6. _____ El carácter de la música latinoamericana es producto del entrelace de tradiciones instrumentales indígenas, africanas y españolas.
7. _____ El narrador percibió que en los Estados Unidos cuando se habla de «hispanos», a veces no se incluyen las influencias procedentes de Sudamérica.
8. _____ Al narrador le fue difícil encontrar oportunidades para exponer sus obras después de que empezó a hablar mejor el inglés.
9. _____ El narrador duda que su esposa norteamericana sepa más que él sobre Latinoamérica.
10. _____ El narrador piensa que, al involucrarse en las actividades de la comunidad, los hispanos podrían dar a conocer su cultura a las personas no hispanas.

## Actividad B ¿Qué opinan Uds.?

En grupos de tres o cuatro estudiantes, comenten los siguientes temas.

1. el beneficio del contacto con hispanos de otros países en los Estados Unidos
2. la manifestación de la creatividad artística en las comunidades hispanas en los Estados Unidos
3. el arte como vehículo para explorar el mundo y a nosotros mismos
4. las relaciones entre distintos grupos de hispanos en los Estados Unidos
5. los Estados Unidos como país donde se facilitan las oportunidades

6. los Estados Unidos como país donde todo funciona eficientemente
7. las maneras en que los hispanos en los Estados Unidos se dan
a conocer

## Actividad C Un paso más

En parejas, hagan una presentación oral delante de la clase sobre un(a) artista o un(a) músico procedente del mundo hispano. Incluyan información sobre su vida, su arte y por qué escogieron a esa persona. Si es posible, traigan ejemplos de las composiciones o ejecuciones de la persona que escojan.

# De Añasco a Nueva York

## Carmen Ileana González-Román

Carmen Ileana González-Román *nació en Nueva York. Actualmente es profesora de español en la Universidad de Maryland y vive en Bethesda con su familia. También es directora del Programa de Relaciones Comunitarias. Como directora, es la responsable de reclutar entre la población latina de Maryland, Virginia y Washington, D.C., a estudiantes para la universidad. Fue nombrada por el gobernador de Maryland como Comisionada en la Junta de Asuntos Hispánicos del Estado de Maryland, cargo que desempeñó durante tres años.*

Casi parece ayer cuando le pedía a mi madre que me contara el cuento de cómo conoció a mi padre.

En la isla llamada «la perla del Caribe», en Añasco, un pueblito en la costa oeste, nació Oscar González-Suárez. Hijo de un panadero, alcanzó a graduarse de la escuela elemental de Añasco. Como no había escuela superior en su pueblo tuvo que ir al pueblo vecino de Mayagüez.

Al graduarse de la escuela superior con honores, su tío le regaló un pasaje de ida y vuelta a San Juan, para que conociera la capital y saludara a sus parientes.

En San Juan, los parientes le dieron una fiesta en su honor a la cual invitaron a Carmen María Quiñones, hija de españoles que habían venido a San Juan en busca de mejor vida para su familia. Ella era la más joven de las hermanas. Era elegante, delgada, de pelo castaño y ojos claros. Al encontrarse ante una joven tan pura y casta, Oscar se enamoró a primera vista. Carmen también recibió el flechazo de amor cuando sus ojos se encontraron. En su corazón, ella ansiaba que él le pidiera bailar, pero Oscar se sentía fuera de su elemento y sin saber cómo bailar. Entonces él recurrió a sus palabras, a su elocuente prosa y así fue lentamente conquistándola. Este apuesto muchacho le robó el corazón. La noche transcurrió rápidamente sin que la joven pareja se separara. El próximo día se volvieron a ver en una merienda. Carmen, que hasta esa fecha no conocía nada de amores, presintió que el destino le había traído a este joven por alguna razón.

Repentinamente, sin poder despedirse de Carmen, Oscar tuvo que regresar a Añasco tras las trágicas noticias del fatal ataque al corazón que le robó a su padre.

Ese año fue inolvidable. Oscar vivió el derroche de un temporal que destruyó a su querida isla y la dificultad de mantener la panadería sin su padre. Sus sueños de estudiar Derecho se desvanecían. El recuerdo de la bella Carmen lo descorazonaba, pues no tenía nada para ofrecerle. Después de pensarlo y discutirlo con su madre, decidió emprender viaje a Nueva York, ciudad de oportunidades, donde ya vivía su hermano mayor, Enrique.

El día que desembarcó en Nueva York era un día nublado y gris de otoño, la ciudad se veía fría y poco acogedora, nada como su querida isla. Sin embargo, en el fondo de su corazón Oscar sabía que había llegado a un cruce de su vida. Lleno de esperanza ante las nuevas oportunidades, empezó a buscar a su hermano mayor. Por desgracia no lo encontró. Con la bravura del jíbaro puertorriqueño, con su inglés pueblerino, Oscar comenzó a preguntar cómo se llegaba a la dirección que tenía de su hermano. Con sólo 15 dólares en su bolsillo, decidió caminar desde el muelle de la calle 42 hasta la calle 125. La vida no lo había preparado para la pena que sintió al llegar al apartamento de su hermano mayor. Enrique, pensaba él, lo ayudaría a trabajar y ahorrar dinero para traer a Nueva York a su madre y sus hermanos menores que habían quedado en Añasco. Al llegar, Enrique le abrió la puerta con una bebé en sus brazos y un niñito de tres años a su lado. Después de saludos afectuosos y un poco de descanso, Enrique le contó a su hermano que se había casado, tenía dos hijos y estudiaba en las noches para hacerse dentista en el futuro. Oscar comprendió que, en resumidas cuentas, no podía contar con la ayuda de su hermano. Esa noche, Oscar decidió que iba a luchar con todas sus fuerzas para alcanzar sus sueños. No importaba que la vida le hubiera interpuesto muchos obstáculos, él los iba a vencer.

Ese primer año fue difícil para todos. Históricamente se notaba que el mundo se preparaba para algo grande. En su corazón, Oscar luchaba por mantener sus esperanzas vivas. Las nevadas de ese primer año paralizaron la ciudad, pero no el espíritu de este joven.

Mientras tanto, en San Juan, Carmen se preparaba para ir a Nueva York a trabajar en la casa de modas de su prima, Crucita, que le había pedido que la viniera a ayudar. Sin saber cuándo volvería a ver a su madre y hermanos otra vez, tomó el barco para Nueva York.

Su llegada a la ciudad fue lo opuesto de la de Oscar. Era la primavera y el sol ayudaba a persuadir a los capullos a florecer. Crucita y su esposo Manrique, Dorna y su esposo Justo, la esperaban con brazos abiertos. Lo primero que vio de la gran metrópolis neoyorquina fue el Parque Central y la Quinta Avenida. Carmen se quedó colmada ante la magnitud y el exceso de la ciudad. Poco a poco se fue acostumbrando al ritmo ruidoso y ajetreado de la ciudad. Como Carmen tenía buen oído, su inglés fue mejorando de tal forma que casi no se le notaba su acento.

Oscar en otra parte de la ciudad se había reunido con unos mayagüezanos conocidos. Por medio de ellos, consiguió un trabajo en el Hotel Astor de Broadway. Oscar estaba ganando bastante para enviar por su hermana mayor, Angelita. Al llegar Angelita, entre los dos consiguieron juntar suficiente dinero para encontrar un apartamento pequeño en la calle 151. Juntos sobrevivieron otro invierno crudo y cruel y en poco tiempo pudieron mandarle el pasaje a su madre y sus dos hermanos menores Emma y MiguelÁngel. Por fin reunidos, Oscar se llenó de orgullo y esas navidades alcanzó el dinero para poner un arbolito de Navidad e invitar a sus amigos mayagüezanos, Rafael y Erasmo. Aunque para la familia González-Suárez las oportunidades le sonreían, la corriente del mundo se lanzaba desbocadamente hacia la Segunda Guerra Mundial.

Fue durante esta época caótica del mundo que el destino intervino aquella mañana del invierno en que Carmen y Oscar se apuraban para no perder la conexión del metro en la calle 34. Al tropezarse el uno con el otro, se olvidaron de las convenciones de la época y, con sonrisas abiertas, se besaron en las mejillas. Las alas del corazón de Oscar tomaron vuelo, pues sabía que su futuro y su destino estaban en Nueva York. De allí en adelante todos los días se esperaban ambos para poder disfrutar de la atracción mutua que sentían. Su atracción y amor tuvo que pasar en secreto por muchos meses hasta que un día de la primavera, Carmen le pidió a su prima Crucita el permiso para presentarle a Oscar a ella y Manrique.

Ese domingo Oscar se levantó temprano y empezó a planchar el único traje que tenía. Meticulosamente, brilló sus zapatos y con unos buchitos de café en el estómago salió a calmar sus nervios. Caminó por la ciudad hasta las doce y media. Con el dinero que había ganado esa semana se metió a la pastelería Cushman de Broadway y compró un bizcocho.

Carmen también esperaba a Oscar. Se había pasado la semana haciéndose un vestido de lino azul celeste y se preparaba para estrenarlo. Al sonar el timbre de la puerta del apartamento Carmen saltó. Abriendo la puerta los ojos de los jóvenes se unieron con tanto amor que sabían que todo les iba a ir bien. Y así fue. La tarde transcurrió sin evento especial, sólo que se le invitó a Oscar a pasar el próximo domingo con la familia.

Poco después, con la guerra en todo su apogeo, Enrique recibió la notificación que tenía que servir en el ejército. Oscar sabía que Enrique no podía servir a su país por ser cabeza de familia y estar a punto de terminar sus estudios, así que Oscar se inscribió en el ejército y se fue a Fort Bragg en Carolina del Sur. Muchas fueron las cartas de amor e inspiración que recibió Carmen. Esos cuatro años fueron cumbres para la joven pareja pues Carmen, mientras seguía trabajando en el taller de costurera, por la noche iba a la escuela para hacerse secretaria, mecanógrafa. Durante esos cuatro años sólo alcanzaron a verse dos veces, pero cada vez, Oscar se acercaba más a la pregunta que Carmen sabía que le iba a hacer.

Habiendo cumplido su servicio militar, Oscar aprovechó el beneficio de estudio y se inscribió en lo que hoy es Brooklyn Law School por el día y trabajaba en la compañía Nabisco haciendo galletas durante la noche. Al terminar su primer año de la escuela, Oscar le avisó a su familia que pensaba casarse con Carmen. Todos aparentaban estar contentos con excepción de su madre, que pensaba que iba a perder a su hijo. Sin mucha pompa, un domingo soleado en la iglesia de Nuestra Señora del Carmen, con un vestido de novia de satén blanco y una corona de azahares, Carmen María Quiñones contrajo matrimonio con Oscar González-Suárez. La joven pareja se fue de luna de miel a las montañas de los Catskills, a la granja de unos españoles amigos de Manrique. Al regresar, establecieron su residencia en un apartamento grande del primer piso de la 162, Oscar, Carmen, MiguelÁngel, Emma y su madre. Esos primeros años, aunque duros, fueron años de mucho amor para la joven pareja que aprovechaba para ir al cine solamente una vez al mes cuando el cine tenía oferta de dos por el precio de uno. La mayoría del tiempo la pareja se iba a caminar por la ciudad, especialmente la Quinta Avenida. Mi madre me contaba que cuando pasaban por el Hotel Plaza y veían a la gente adinerada entrar y salir vestidos elegantemente, mi padre siempre le decía a mi madre que no se apurara, que algún día él la llevaría allí.

A los cuatro meses de esa salida, Carmen le avisó a Oscar que iba a ser padre. Aunque todavía la guerra seguía su rumbo descarrillado, Oscar tomó esta noticia como un símbolo de todo lo bueno que la vida le tenía reservado.

El embarazo fue maravilloso y Carmen se sentía bien. El alumbramiento llegó el primero de marzo de 1945 durante uno de los inviernos más fríos de la ciudad. De la unión cariñosa y fiel de Oscar y Carmen les nació una pequeña muchachita gordita y saludable. Pocos meses después terminó la guerra y Oscar se graduó. Carmen se fue a trabajar de secretaria con una compañía aseguradora de la ciudad, mientras que Oscar se quedaba en la casa con su pequeña hijita dedicando todo su tiempo libre estudiando para la reválida de Nueva York.

Después de tomar el examen de la reválida, Oscar regresó a trabajar de noche a la Nabisco con sus compatriotas mayagüezanos. Allí empezaron a hablarle de que no mucha gente pasaba la reválida la primera vez y que no se afanara mucho si no la podía pasar, pues después de todo él estaba compitiendo con los irlandeses y judíos, que estaban más establecidos en la ciudad. Aunque los escuchaba descorazonado, siguió trabajando sin decirle nada a nadie.

A los pocos meses, cuando se publicó en el *New York Times* la lista de los que habían pasado la reválida, Oscar no se atrevió a mirarla hasta llegar a la casa esa madrugada. Con el ánimo arrastrando miró la lista y no vio su nombre. No encontraba cómo despertar a su bella esposa que, rendida, se había quedado dormida con la pequeña bebé en sus brazos. Rendido por sus esfuerzos y su fracaso, se arrodilló ante su esposa y suavemente la despertó. Al verlo vencido lo abrazó y lo felicitó. Él, incrédulo, le dijo que no había pasado; ella, firme y sonriente, le dijo que su nombre aparecía en la lista tal como lo habían soñado. De la emoción, Oscar no había visto su nombre. La emoción de la pareja despertó a todo el apartamento esa madrugada e inmediatamente todos empezaron a planificar lo que este triunfo significaba para ellos. Esa noche, Oscar estaba lleno de energía y se la pasó jugando con su hijita.

El próximo día, la Brooklyn Law School lo llamó para felicitarlo y ofrecerle un trabajo como ayudante del entonces famoso fiscal de Nueva York Paul O'Dwyer. Oscar se preparó y fue a las oficinas del fiscal, que al principio se sorprendió que una persona como él hubiese pasado la reválida. Su primera impresión era que era un jibarito que tuvo suerte. Pero al poco tiempo de Oscar trabajar allí, se dio cuenta que verdaderamente tenía una pasión y muchos conocimientos para la profesión. Fue este hombre establecido que le dio la primera oportunidad a mi padre de ejercer su sueño de joven. Durante esos primeros meses O'Dwyer se interesó en el joven añasqueño que parecía tener un don especial para abogar por los derechos de los menos afortunados.

A través de la mentoría de O'Dwyer, Oscar llegó a intervenir en la política y participar en la primera convención nacional de los republicanos para Ike [Dwight D. Eisenhower]. Oscar por fin había llegado a cumplir su destino. El mundo era de él y aunque el camino había sido difícil, sabía que le faltaba mucho por lograr.

El próximo año, Oscar dejó su trabajo con O'Dwyer y estableció su primera oficina en la 158 y Broadway en una habitación del segundo piso. Entre sus amigos mayagüezanos y su esposa, la limpiaron, la dividieron y la pintaron. En una casa de muebles de segunda mano compró dos escritorios. Uno para él y uno más pequeño para su secretaria. También compró unas tres sillas y un pequeño estante. Cuando abrió su oficina los periódicos latinos fueron los primeros en criticarle y pronosticar el hecho de que un pobre boricua no podía cambiar el sistema.

Mi madre con esa fe e inocencia imperdurable, le dijo que siguiera para adelante, que Dios lo iba a ayudar. Ella dejó su trabajo de secretaria en la compañía aseguradora y se fue a la oficina de Oscar a servirle de secretaria. La pequeña bebé se quedaba con su abuela durante las horas de oficina.

Cuando pienso en lo duro que fue abrir el camino me colmo de admiración por mis padres. Pues además de sobrevivir los prejuicios de la época, también tenían que defenderse de las acusaciones de su propia gente. ¿Cómo convencer a sus compatriotas que él era tan bueno como los abogados norteamericanos? Ésa era la problemática que se le planteaba a Oscar.

Pero como todo en su vida, el destino ya había pensado cómo lo iba a ayudar. En 1950 un muchacho de una familia prominente de Mayagüez estaba estudiando medicina y se le acusó de asesinato en primer grado. La familia prominente de Mayagüez, conociendo que había un abogado puertorriqueño que provenía de su área, inmediatamente lo llamó y lo contrató como abogado. Este caso fue posiblemente la clave esencial para mi padre. Acuérdese que la Nueva York de los años 50 estaba llena de prejuicios hacia los puertorriqueños, y como no había nadie que abogara por sus derechos, aunque eran muchos, sus voces eran mudas.

La prensa americana se volvió loca con el caso y cuando supieron que el abogado defensor era un boricua sin experiencia de tribunal le dieron aún más al reportaje. Como en toda gran ocasión de su vida, Oscar se preparó en la biblioteca de Derecho del Brooklyn Law School y cuando llegó la fecha del juicio, se preparó detalladamente con todo el orgullo de hombre que tiene sus conocimientos muy bien entendidos. El caso duró un mes y medio y al final la vida del joven mayagüezano estaba en la balanza entre inocencia y la silla eléctrica.

Fue como a eso de las cuatro y media de la tarde cuando le llegó la noticia a Oscar y Carmen que el jurado estaba preparado a dictar sentencia. La familia del cliente, mi madre y mi padre entraron al tribunal. En menos de unos quince minutos todos los sacrificios y añoranzas de sus esfuerzos iban a ser probados. Oscar respiró hondamente y se levantó con su cliente para escuchar la sentencia. El juez declaró que el jurado había deliberado cuidadosamente para llegar a la sentencia de inocencia. Ese día, Nueva York fue conquistada por un joven añasqueño. La prensa lo declaró el espadachín del hispano.

De ahí en adelante, mi padre consiguió establecerse y respetarse ante todos los neoyorquinos, hecho no fácil de cumplir si se acuerdan que la Nueva York de ese entonces no tenía educación bilingüe o programas sociales para beneficiar a los latinos. Pronto abrió otro bufete en el área de

Columbus Circle, y se encarriló como el portavoz de los inmigrantes hispanos de la ciudad.

Los años transcurrieron rápidamente y para eso del 1958 Oscar González-Suárez se postuló como candidato congresional de los Estados Unidos. Era la primera vez que un puertorriqueño se atrevía a postularse. Aunque no ganó la elección, no le dejó de seguir abriéndose camino para él y su gente a «machetazo limpio». Llegó a servir bajo las administraciones de los alcaldes Wagner, Lindsay, Beame y Koch. Como se decía en esos tiempos, si hay un latino con algún problema, llamen a González-Suárez.

Mi padre cumplió todas las promesas a mi madre y al fin de su vida llegó a ser el orgullo de su pueblo natal. Aunque no acumuló grandes riquezas materiales, pudo alcanzar la meta a la cual se propuso cuando aún muy joven. Luchó y ganó a través de sus esfuerzos, esfuerzos que jamás se olvidaron de sus raíces.

---

# COMPRENSIÓN Y OPINIÓN

## Actividad A ¿Qué dice la narradora?

Indique si cada una de las declaraciones que siguen es cierta (**C**) o falsa (**F**).

1. _____ En su primer encuentro, Oscar sintió atracción hacia Carmen, pero ella lo rechazó.
2. _____ Cuando Oscar llegó al apartamento de su hermano Enrique, éste le prometió ayudarlo de cualquier manera que pudiera.
3. _____ Carmen tenía buen oído para los idiomas, y llegó a hablar inglés casi sin acento.
4. _____ A la familia de Carmen le gustó Oscar, ya que lo invitaron a que volviera la siguiente semana.
5. _____ Cuando estaban recién casados, Oscar y Carmen compraban mucho en la Quinta Avenida.
6. _____ Carmen le tuvo que decir a Oscar que había pasado la revá-lida ya que, de nervioso, él no vio su nombre en la lista.
7. _____ La primera impresión de O'Dwyer al conocer a Oscar fue que éste sería un gran abogado.
8. _____ Cuando Oscar abrió su oficina, los puertorriqueños en Nueva York tuvieron fe en que él representaría la voz política que no tenían.

9. ____ Una familia prominente de Mayagüez se puso en contacto con Oscar porque se le acusó de homicidio a un hijo de ellos.
10. ____ Oscar fue el primer candidato puertorriqueño en postularse al Congreso de los Estados Unidos.

## Actividad B ¿Qué opinan Uds.?

En grupos de tres o cuatro estudiantes, comenten las siguientes preguntas.

1. ¿Cuál es el estatus de los puertorriqueños en Nueva York hoy en comparación con la época en que se desarrolla la narración? ¿Por qué cree la narradora que era más probable que le dieran la reválida a judíos e irlandeses y no a Oscar?
2. Históricamente, ¿por qué razones han venido los puertorriqueños a los Estados Unidos? ¿Por qué vienen hoy? ¿Son distintos sus motivos de los de otros grupos hispanos en los Estados Unidos? Expliquen.
3. ¿Qué efecto tuvo la Segunda Guerra Mundial en la vida de los hispanos en los Estados Unidos? ¿Cuánto participó la población hispana en esta guerra?
4. ¿Cómo determinan las casualidades el curso de nuestra vida? ¿Conocen Uds. a alguien que haya logrado éxito o haya fracasado en los Estados Unidos debido a una serie de casualidades? Descríbanle esta persona y su experiencia a su grupo.
5. ¿Qué factores dieron como resultado el hecho de que se le acusara a un joven puertorriqueño de asesinato? ¿Qué factores contribuyeron a que se le declarara inocente? Sin saber más del caso, ¿se podría sospechar que hubo aquí alguna forma de discriminación? Expliquen.

## Actividad C Un paso más

Busque todos los nombres que pueda de personas hispánicas que actualmente son miembros del Congreso de los Estados Unidos. ¿De dónde son? ¿A quiénes representan? En la siguiente clase, hábleles a sus compañeros de lo que Ud. averiguó.

# El quinto sueño

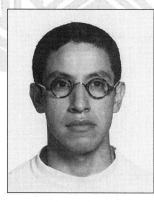

## Laurencio Carlos Ruiz Villegas

Laurencio Carlos Ruiz Villegas *nació en la Ciudad de México en 1966 y vivió allá hasta 1996. Recibió su licenciatura en Diseño de la Comunicación Gráfica de la Universidad Autónoma Metropolitana Azcapotzalco. Actualmente reside en Pennsylvania con su esposa. Se encuentra realizando la maestría en diseño escenográfico, y es artista visual con una trayectoria en el arte del* performance *y vídeo. También es fotógrafo, escenógrafo, diseñador de vestuario e investigador de la cultura popular de México y los Estados Unidos.*

**S**er el quinto hijo de una familia de seis hermanos, de los cuales somos cinco hombres y una mujer (la menor) tuvo sus ventajas. Esta variable de azar y número hace suponer la carencia total de represión característica dentro de una familia, tal vez porque se quedó en cada uno de mis hermanos. Parece entonces que fui muy afortunado. Obtuve siempre la completa libertad para elegir mis propias decisiones sobre la calidad de vida que me interesa con responsabilidad desde temprana edad (entre los cinco y diez años). Para tener más claro el por qué de esta variable en mi caso personal, basta mencionar varios puntos importantes para suponer sin temor a equivocarme qué es la verdad. Tengo unos padres maravillosos, con tradiciones muy firmes, conservadores pero abiertos al diálogo, respetuosos de las diferencias y preferencias, orgullosos y satisfechos con su vida. Ellos son una pareja excepcional.

Le agrego a todo esto que nací en la Ciudad de México de una familia tradicional mexicana de clase media católica. Toda mi educación ha sido en escuelas públicas; mi servicio militar hecho con el primer batallón de paracaidistas. Soy artista visual, diseñador gráfico, fotógrafo, performancero e investigador de cultura popular y fui el único en la familia en emigrar a los Estados Unidos. Ahora soy un mexicano felizmente casado, oficialmente el 19 de mayo de 1996, Vineland, New Jersey, con una extraordinaria mujer norteamericana de familia italiana pero con corazón mexicano. La amo, admiro y respeto.

Ella es la segunda de seis hermanos de los cuales son cuatro mujeres y dos hombres. Si contamos de la menor al mayor ella es la quinta pero inversa. Proviene de una familia tradicional italoamericana de clase media católica (segunda generación nacida en los Estados Unidos). Toda su educación ha sido en escuelas públicas. Ella sí padeció de casi todas las represiones de un padre autoritario y una madre oprimida, y no le fue fácil porque le negaron la libertad para tomar sus propias decisiones. Sin embargo, logró escapar victoriosa de la antigua pero vigente hasta ahora idea sobre las mujeres: que no pueden tener la misma oportunidad de los hombres y menos aspirar al más alto nivel de la vida profesional e intelectual. Así, demostrando ser una estudiante destacada, obteniendo las más altas calificaciones y premios por su alto nivel de aprovechamiento, obtuvo su doctorado. Ahora finalmente le fue otorgado el respeto y reconocimiento por los integrantes de su familia incrédulos de su capacidad. Además, ella es ahora *Associate Professor* en una de las mejores universidades de los Estados Unidos. Nacida en Ventnor, New Jersey, frente al Océano Atlántico, ha dedicado la mitad de su vida a la docencia, y habla cuatro idiomas. Es comprometida con su trabajo, profesora e investigadora de teatro y cultura popular. Es independiente, generosa, sensual, activista y progresista y una buena amiga. Es magnífica escritora, hacedora de cartas tan vivas y llenas de pasión que es una de las razones por la cual terminé enamorado y con las ganas de disfrutar la vida juntos. Es la única en su familia que ha vivido y viajado por Latinoamérica y Europa. El azar ha sido una variable importante que ha modelado nuestras vidas y esta variable se convirtió en una variable de *una en uno*. Esto nos hace estar muy satisfechos de habernos encontrado. Eso no quiere decir que ha sido la suerte, aunque es un factor, pero no quiero admitirlo porque sería aceptar ser supersticioso. Está bien si soy supersticioso pero solamente cuando duermo.

*El sueño mexicano:* Nos conocimos en la Ciudad de México en 1994 a consecuencia de nuestros trabajos y la relación de ambos con la cultura popular contemporánea: el teatro y el *performance*. Ella estaba investigando el teatro hecho por mujeres, yo trabajando con mujeres que hacen teatro.

Para documentar cómo ocurrió basta dar gracias a la variable del azar nuevamente porque cuando en una ciudad hay más de 20 millones de mexicanos, vaya que las variables para conocernos era una en un millón. Gracias a que ella conoció a una artista visual que hace *performance* en la Ciudad de México la variable disminuyó, y entre las varias entrevistas que sostuvo en la casa de la artista me encontraba trabajando yo. Debo admitir públicamente mi gratitud porque a través de ella fue posible conocer a mi esposa.

Nuestro primer encuentro fue muy corto, y comiendo juntos hablamos de nuestros puntos de vista de la vida y el trabajo. En ese año sólo tuvimos la oportunidad de vernos un par de veces. Al año siguiente nos encontramos nuevamente en casa de mi amiga, la artista visual, y mi esposa en esta ocasión tenía para mí un disco compacto de música *blues* como resultado de la camiseta con la imagen de la Virgen de Guadalupe que yo le había regalado el año anterior. No traía el disco consigo en ese momento, así que para la noche de ese mismo día en un *performance* precisamente de quienes ella estaba investigando me daría el regalo. Yo, como todo mexicano, quería devolverle su gentil detalle. Tomé de mi estudio un corazón de latón de esos que llaman milagros para pedir a un santo. Esa noche no pudimos intercambiar regalos, la vi al final del espectáculo pero la perdí de vista porque yo estaba participando dentro del espectáculo. Entonces, tratando de recordar el hotel donde siempre se hospedaba cada vez que visitaba la ciudad, intenté localizarla y darle su regalo. Encontré el hotel y escribí una nota para dejarle saber que estuve ahí. El hombre de la recepción dijo que se encontraba en su habitación y la llamé. Ella bajó y me ofreció tomar un café. Le propuse tomar una cerveza en un bar llamado Milán pero acabamos en el Bar Mata porque el anterior estaba repleto de gente. Disfrutamos de esa noche charlando y comencé a tener un profundo interés por ella. Entre las conversaciones sostenidas entre cultura y política económica, incluimos el interés por actividades físicas, como «la bicicleta de montaña». Entonces, la invité a dar un paseo. No fue sino al siguiente año que realizamos este recorrido por los cerros frente a mi casa al norte de la ciudad. La llevé a ver otros puntos de interés en la Ciudad de México —esos lugares surrealistas que no tenía que dejar de ver. Así entonces, fuimos juntos a celebrar el 21 de marzo, el equinoccio de primavera, en Xochimilco. Ella comenzó a despedirse con un cariñoso beso como recompensa a mis atenciones caballerescas. Desde el principio, no pasó por mi mente conquistarla. Sólo estaba haciendo lo que regularmente hago para los amigos y quienes no conocen las maravillas guardadas en la ciudad, pero más tarde empezamos a ser una pareja romántica.

Después de dos años de conocernos, decidimos intentar vivir juntos, probando primero en ambas fronteras. Vivimos un lapso de un mes aproximadamente para probar dónde ambos tendríamos la oportunidad de armar una vida juntos y también para ver si funcionábamos como pareja en ambos lados. Concluimos que uno dejaría el trabajo y la vida profesional para seguir al otro. Fue la mejor opción para ambos. Ella por su parte me apoyó y, entonces, los dejé yo.

*El sueño americano:* Desde un principio teníamos claro que seguiríamos todos los trámites requeridos por Inmigración para no darles ninguna oportunidad de separarnos. Esto implicaba esperar mínimo un año para obtener el permiso correspondiente y así ocurrió. Siempre fui paciente al trámite, acepté la posibilidad de ser un trámite prolongado lleno de presiones, angustias y cuestiones de dinero. Mi novia, por el contrario, sufrió la separación porque además a ella le tocó una de las duras etapas: hacer llamadas telefónicas para solicitar aplicaciones —la pesadilla de la burocracia. Cada llamada era enfrentarse a una máquina parlante del otro lado de la bocina que frecuentemente daba información diferente o confusa. El primer trámite se solicitaba en los Estados Unidos y cuando finalmente fue enviado por correo, se vino la huelga que paralizó todas las actividades gubernamentales, así que los planes de vernos para la Navidad fueron cancelados.

*La pesadilla:* Durante este período no tenía permitido entrar por ningún motivo a los Estados Unidos, hasta concluir el trámite correspondiente (de visa «turística» a visa «fiancé»). Las largas y caras cuentas del teléfono comenzaron a llegar, *faxes* y cartas eran los únicos medios para comunicarnos. Sufrimos porque no estábamos conformes con el hecho de comunicarnos solamente. Extrañábamos nuestras presencias, pero sacamos el mejor partido a la distancia. Así que al mismo tiempo disfrutamos y apreciamos nuestra relación. Las cuentas telefónicas alcanzaron la cantidad necesaria para comprar boletos de ida y vuelta a México y comprar una computadora. Fue una locura, pero ésta apenas comienza.

El trato que recibimos durante todo el proceso fue duro y frío. Estábamos siempre angustiados de no cometer el más mínimo error en los requisitos por todas las historias que se escuchan sobre casos como el nuestro, porque hay parejas que se casan por el interés de la residencia o quienes no la consiguen. Hasta ahora, todo está en regla; no tenemos ningún problema. Soy residente con permiso para trabajar y dentro de poco tendré que decidir si acepto la nacionalidad norteamericana. Por el momento no me interesa porque esta decisión es el resultado del trámite para vivir juntos y, aunque las leyes mexicanas me han otorgado la doble nacionalidad, las norteamericanas no. No es una posición que me interesa ni deseo sacar ventaja de ella.

Teníamos que conseguir una visa llamada «fiancé» para mí, para poder entrar en el país con la autorización para casarme en los Estados Unidos. Yo tenía una visa de turista con validez de diez años, pero investigando encontramos que no era la vía correcta. El único lugar autorizado en todo el país para este tipo de visa es el consulado localizada en las paradisiacas líneas fronterizas de Ciudad Juárez. Con una larga lista de requisitos, una vez cumplidos, viajé al norte del país. Cuando llegué al aeropuerto de esa ciudad de todos los pasajeros provenientes de la Ciudad de México fui el único que detuvieron. Revisaron mi equipaje y me preguntaron la razón de mi visita a la ciudad. Yo por mi parte expliqué que tenía una cita con el consulado y me dejaron ir —¡claro! una vez que comprobé que era verdad.

Una sorpresa que me llevé en Ciudad Juárez es que la ciudad me dejó con la impresión de que era un gran hotel de paso. ¿Será que no tuve acceso a la parte bonita de la ciudad? Llegué un día antes de mi cita, en la mañana, para hacer el examen médico requerido por el consulado. Éste se realiza en un laboratorio autorizado. Tuve la cita en la tarde y después busqué un hotel para pasar la noche. A la mañana siguiente, como a las seis, cuando en realidad el consulado abre a las ocho, encontré una larga fila de gente para hacer diferentes trámites, pero todos con el mismo fin: cruzar al otro lado.

Una vez adentro, esperé mi turno. Nunca perdimos la formación durante las ocho horas siempre guiados a conservar la línea, cuidando a que nadie se insertara en ella. Ver a más de mil personas, cantidad que rebasa la capacidad del edificio para atender a todos, me aclaró el por qué hacen tan difícil el trámite. Con una táctica de eliminación (por los costos tan altos para realizar el trámite), selección (porque no todos cumplen con los requisitos) y resistencia (por las diez horas de espera para recibir tu nueva visa), es fácil desalentar a quien intenta esta opción.

Ese mismo día tuve la entrevista que tan preocupado me tenía. Pasaba por mi mente: «si no contestaba correctamente creerían que estaba mintiendo y ahí podría terminar». Durante el tiempo de esperar dentro del inmueble, no había un particular orden guiador para quién está realizando un trámite de este tipo por primera vez, y todos parecíamos hacer el mismo. O ésa era la impresión, porque entre el miedo y nerviosismo, uno está sensible a cualquier cosa. El entusiasmo del principio se va transformando en una angustia larga y cansada. Los más listos traían consigo tortas, papas fritas o cualquier cosa para comer y llenar el estómago vacío porque muchos no habíamos comido nada desde muy temprano. Esto sucede enfrente de la señal «prohibido comer», pero nadie dice nada.

Durante la espera de mi turno observaba a todos, matrimonios con sus hijos, parejas de hermanos, pero no veía a nadie con el mismo trámite que yo tenía. Sentía que era yo el único con este tipo y seguía tenso. Los que estaban enfrente de mí tenían listo el dinero para pagar en «la caja» y comencé a preocuparme aún más, primero porque nunca leí nada sobre el pago de este permiso y entonces dudaba de mí mismo. Cada solicitante, despúes de pasar a la ventanilla y la entrevista, se dirigía directamente a pagar. Desde mi lugar vi a gente pagar más de 100 dólares; obviamente no traía esa cantidad conmigo. Desesperado, traté de preguntar y confirmar mi angustiosa duda pero nadie sabía nada. La respuesta fue «espere su turno» o «hasta oír su nombre no le puedo atender». Finalmente mi turno llegó y mientras para otros la entrevista fue larga, para mí fue de unos cuantos minutos sin nungún contratiempo o costo alguno. Todo salió bien y rápido (cuando finalmente sales, las ocho horas se convierten en ocho minutos). Por la tarde, dos horas más de espera de ese mismo día y recibí mi nueva visa.

La mayoría con maletas suponía yo que estaban en la misma situación. Recogí la mía de un improvisado lugar para guardar pertenencias de valor y tomé un taxi. Durante el trayecto del consulado al aeropuerto el taxista me preguntó: «¿Lo llevo directamente a migración, jefe?» pero mi respuesta fue: «¡No! Llévame al aeropuerto». El taxista, muy sorprendido, insistía en llevarme a la frontera para pasar de una vez. Entonces comprendí, porque todos los que salían del consulado se dirigían a la frontera con todo y maletas. Sin embargo, no fue mi caso. A mí, me esperaba un trabajo que terminar y regresé a la Ciudad de México en preparación de dejar toda la vida profesional hecha durante ocho años.

No, no es fácil todo el trámite pero, haciéndolo legalmente, dentro de las leyes y los sistemas norteamericanos, nos gusten o no, tiene mejor resultado que si lo hiciéramos fuera de la ley.

*Y vuelve la pesadilla:* Uno de los trámites para el matrimonio consistía en que yo realizara un examen médico por ser extranjero. Nos dieron las direcciones de los lugares autorizados, hicimos una cita y nos dirigimos a Philadelphia. El día de la cita llegamos al lugar muy temprano. El día era soleado y caluroso y decidimos tomar un café antes. Traíamos todos los documentos importantes requeridos para el trámite legal de matrimonio, incluyendo mi pasaporte y 600 dólares. Una vez estando en el consultorio, todo resultó rápido y fácil pero cuando nos disponíamos a pagar, nos percatamos que perdimos la bolsa donde lo teníamos todo. Nunca apareció la bolsa. Nos dolió pero, afortunadamente, esta pérdida no afectó los planes para el casamiento. Reportamos a la policía el supuesto robo y solicitamos otro pasaporte. Sin embargo, dos meses después recibimos por correo una sorpresa: la bolsa perdida con todos los documentos, mi pasaporte, pero no los 600 dólares.

*La recompensa:* El 3 de abril de 1996 fue un día memorable para nosotros. Traspasé la línea fronteriza por vía aérea y, por las puertas de inmigración del aeropuerto de Chicago, crucé legalmente para encontrarme después de un año de espera con la mujer a quien una vez le propuse que si quería «arriesgarse conmigo». En el momento del arribo solamente teníamos un mes para la boda que previamente habíamos planeado unos meses antes. La boda se realizó a petición de los padres de mi esposa, en especial su madre, una cosa curiosa porque cinco meses después ella falleció. Nosotros aceptamos una boda tradicional aunque no creíamos en ceremonias de ese tipo. Pero debemos admitir que la disfrutamos en grande.

Tengo dos años desde mi llegada tratando de despertar en la cama de mi casa en la Ciudad de México, pero por más que lo intento, no logro despertar en ese lugar. Y, aunque así sucediera, no me gustaría. No quiero despertar sólo en este sueño que, tal vez, miles de extranjeros quisieran tener porque despierto, tengo y vivo con quien amo para toda la vida.

Puedo decir que disfruto mucho la oportunidad de vivir aquí y sé que el proceso de aprendizaje seguirá por un largo rato. Porque enfrentarse a lo cotidiano, al idioma, pensar, entender y responder en inglés, rebasar la frontera del miedo de las diferencias es cuando rompes los cartabones, incluyendo el mito sobre este país, el otro lado: Gringolandia.

# COMPRENSIÓN Y OPINIÓN

## Actividad A ¿Qué dice el narrador?

Ponga en orden cronológico los acontecimientos a continuación.

a. _____ La esposa de Laurencio le regaló un disco compacto.

b. _____ A Laurencio le otorgaron la visa incorrecta y él tuvo que ir a Ciudad Juárez para resolverlo.

c. _____ Laurencio y su esposa se conocieron por primera vez en México.

d. _____ Laurencio le solicitó al gobierno el permiso correspondiente para entrar en los Estados Unidos.

e. _____ Laurencio y su esposa celebraron su boda en los Estados Unidos.

f. _____ Laurencio recibió la visa correcta y empezó a hacer los preparativos para empezar su nueva vida en otro país.

g. _____ Laurencio y su esposa hicieron un viaje a Xochimilico para celebrar el equinoccio de primavera.

h. _____ Laurencio y su esposa se reunieron en Chicago.

i. _____ Laurencio perdió su pasaporte y otros documentos importantes.

## Actividad B ¿Qué opinan Uds.?

En grupos de tres o cuatro estudiantes, comenten las siguientes preguntas.

1. Expliquen el significado del título del capítulo, «El quinto sueño». ¿Cuáles son los cinco sueños del narrador?

2. ¿Piensan Uds. que la historia de Laurencio y los acontecimientos que le pararon a él son típicos del proceso de inmigración? ¿Por qué sí o por qué no?

3. ¿En qué se asemeja y en qué se diferencia su propia inmigración a este país, o la inmigración de otro familiar o amigo? ¿Le fue una experiencia dura o bastante fácil?

4. La decisión de Laurencio de dejar su país fue motivada en gran parte por el amor. ¿Qué le motivó a Ud. o a su familia a inmigrar a este país?

5. En el párrafo final, el autor se refiere al «mito sobre este país» y lo llama «el otro lado: Gringolandia». Sin embargo, no se define ni se explica qué es el mito. ¿Qué mitos o percepciones tenía Ud. o tenía su familia antes de llegar a este país? ¿Se confirmaron los mitos o se deshicieron?

## Actividad C Un paso más

Vaya a la siguiente dirección de Internet y busque información sobre el Departamento de Inmigración: **http://www.ins.usdoj.gov.** Prepare un breve informe oral y luego presénteselo a sus compañeros de clase. Aquí hay algunos temas que puede incluir en su informe.

- la historia de la INS *(Immigration and Naturalization Services)*
- la misión de la INS
- estadísticas recientes sobre los inmigrantes a este país
- los trámites legales para hacerse ciudadano estadounidense

# De travesías
# y triunfos
# agridulces

## Elías Miguel Muñoz

Elías Miguel Muñoz, *poeta y novelista
cubanoamericano, recibió el doctorado en Español
de la Universidad de California en Irvine. Es coau-
tor del libro de texto* Dos mundos *(McGraw-Hill)
y autor de* Viajes fantásticos *y* Ladrón de la
mente, *libros de lectura de la serie* Storyteller
*(McGraw-Hill). El Dr. Muñoz ha dado cursos de
lengua y literatura a nivel universitario y ha pu-
blicado varios libros. Entre éstos se encuentran dos de crítica literaria, cuatro
novelas y los poemarios* En estas tierras/In This Land *y* No fue posible el
sol. *Sus obras de ficción más recientes son* The Greatest Performance *y* Brand
New Memory. *El autor también ha escrito para el teatro y ha contribuido a
varias antologías de literatura hispana de los Estados Unidos. Después de vivir
en California, Kansas y Washington, D.C., decidió echar raíces en Nuevo México,
donde reside con su esposa y su hija.*

La Habana, octubre de 1968. Mi hermano de once años y yo de catorce,
listos para un vuelo de Iberia rumbo a España: el primer viaje en avión,
la primera despedida, el primer paso hacia el exilio. Gracias a una tía española de mi padre, habíamos conseguido el dinero para los pasajes y las
visas necesarias. Sí, teníamos mucha suerte.

¿Cómo lograron mis padres conquistar el miedo, ocultar el dolor? Porque mandar a dos niños a un país lejano y desconocido, sin guardián, sin la certeza de que volverían a verlos, eso tiene que ser muy difícil. Eso requiere valentía; requiere fe en la bondad del ser humano o fe en Dios. Creo que mis padres tenían mucho de ambas. Querían garantizarnos el futuro a mi hermano Jorge y a mí. Estaban convencidos de que ese futuro, la oportunidad de un brillante porvenir, no llegaría nunca en un país comunista. Al cumplir los quince años, yo tendría que ingresar en el ejército, y ya no habría manera de escapar de Cuba.

Mis padres, Elías y Gladys, tuvieron la osadía de imaginarse un éxodo con final feliz. El plan: sus dos hijos estarían en la Madre Patria por un breve período, y luego se reunirían con su familia en los Estados Unidos. Pero existía la posibilidad de que mis padres no pudieran salir de Cuba. Podía ocurrir cualquier cosa: una palabra equivocada, un error burocrático, una acción no merecedora del «telegrama» de salida. Estoy seguro que Gladys y Elías no quisieron considerar ni remotamente esa posibilidad. ¿Qué sería de nosotros sin ellos? Harían todo lo posible para que nuestra estadía en España, con parientes lejanos o en un orfanato, fuera lo más corta posible, lo menos angustiosa. Habría un final feliz.

Hoy pienso en aquel niño que fui y me doy cuenta que les debo mucho a mis padres. Les debo el triunfo. Un triunfo que es agridulce y nunca es completo, como esos finales felices de Hollywood. Porque la vida no tiene un gran *happy ending,* sino lentos comienzos y finales abiertos. La vida sigue siempre, con su multitud de hechos y relaciones. Sin embargo, puedo recordar aquel viaje a España como si fuera un capítulo con comienzo repentino y conclusión definitiva. Y hasta con un mensaje: el valor del sacrificio. Los padres que se sacrifican por sus hijos, que posponen sus deseos más intensos para que esos niños salgan adelante, esos padres merecen recompensa, algún premio.

Yo, la verdad, no sé si sería capaz de tal sacrificio. Tengo una hija de dos años y la idea de separarme de ella se me hace insoportable. Siempre querré estar con Aidan Karina. Siempre querré protegerla, habitar con ella, muy cerca de ella, el mundo. ¿Cómo podría lanzarla sola al exilio, hacerla protagonista de un éxodo? Sospecho que en una situación como la de mis padres, haría lo que tuviera que hacer para garantizar el futuro de Aidan. No sé. Lo pienso y digo, sí, sería capaz hasta de la separación. Pero ese capítulo (que bien podría titularse «El destierro») ha sido ya escrito y no hay que volver a vivirlo.

Uno de los proyectos creativos que más me apasionan es la documentación de ese destierro. Quisiera escribir la crónica de los niños cubanos que llegaron a Madrid hacia finales de los años sesenta, casi todos internados en un orfanato provisto por la Iglesia Católica; o niños como Jorge y yo, que tuvieron la relativa suerte de ser acogidos por parientes (en mi caso, un primo segundo de mi padre, su esposa y su hija). Niños que se hicieron adultos en cuestión de meses, que lucharon de pronto, solos, en un espacio sin referencia, un texto vivo que nadie les había enseñado a leer. Niños marcados, definidos por la experiencia de sobrevivir, haciéndose dignos del futuro.

Aquellos nueve meses en España fueron tremendos, irrepetibles. Descubrí aspectos de la naturaleza humana que desconocía; conocí a gente, contextos que no me hubiera imaginado; tuve experiencias que nunca hubiera vivido en Cuba. Algo de ese período quise mostrar en mi tercera novela. Pero aún queda mucho por contar de aquella diáspora de la infancia. Si sólo pudiera captar con palabras la primera noche, el primer frío intenso, la primera carta de Cuba, las plegarias. O la emoción que sentimos cuando España ganó el Festival Eurovisión con Salomé y su canción «Vivo cantando». O la primera película en aquel antiguo y perfumado teatro. Su título: *La dinamita está servida;* era una comedia liviana con la vedette de moda, Laura Valenzuela. Si pudiera describir aquella tarde en la esquina de Goya y Alcalá, al cabo de unas semanas de llegar a España. Me sentía perdido, abandonado; sólo me sostenía la idea de que existía el mañana. Frente a aquel panorama de edificios viejos y grises —tan diferente al de mi pueblo natal— me dije a mí mismo que sí, que yo llegaría a una edad avanzada. Viviría una larga vida.

Hubo peleas y castigos. El primo de mi padre resultó ser un hombre déspota, machista, autoritario. Su gesto bondadoso de llevarnos a vivir con su familia se tornó malévolo. Porque nos regañaba y nos humillaba por cualquier tontería. Porque se quedaba con todo el dinero que nos mandaba nuestro padre y nos hacía vestir de harapos. Porque nunca nos hizo sentir como familia.

Mi hermano y yo tratamos de sobreponernos al choque cultural. De nada nos servía llorar (aunque sí hubo lágrimas). En nada nos ayudaba extrañar a nuestros padres, a los amigos, querer volver a nuestro hermoso chalet, jugar otra vez con los animales del gran patio. Jorge y yo sobrevivimos «El destierro» porque sabíamos que la soledad y el desamparo tendrían un fin. En cualquier momento Elías y Gladys emigrarían a California y de allí nos reclamarían. Sabíamos que Papi y Mami habían hecho un enorme sacrificio por nosotros. (¡Ay, aquellas cartas desgarradas que le escribía a mi padre!) Y les debíamos esto: nuestra supervivencia.

Teníamos también curiosidad. Después de adentrarnos en el Madrid reprimido de Franco, volaríamos por las amplias y libres avenidas de California, aprenderíamos un nuevo idioma, descubriríamos la fuerza y el esplendor de Los Ángeles. Desde allá nos llegaban noticias: nuestros primos ya hablaban inglés, viajaban en autobús a la escuela, trabajaban, ganaban dólares. Eran jóvenes chéveres, gente *cool*. Todo lo que nosotros también podríamos llegar a ser. Las promesas de aquel futuro eran alentadoras, tentadoras. Sólo teníamos que esperar pacientemente el día de nuestra entrada al «Norte», perseverar.

En aquellos días no podía imaginarme lo largo que es el camino del exilio: nunca termina. Yo estaba seguro que al salir de España y reunirme con mis padres, la vida tomaría un curso ideal, feliz, sin grandes obstáculos. Pero en California nos aguardaba otra serie de desafíos. Llegamos a Los Ángeles un día de mayo de 1969 (mis padres habían llegado en enero), y pronto se desvanecieron para mí los sueños de ser gente *cool*. Porque al cabo de sólo dos semanas, empecé a sentirme aislado, desplazado. Allí, en aquel apartamento de Gardena —un pulcro suburbio angelino— no había manera de dialogar con el mundo. No podíamos caminar por las calles y ver a gente, divertirnos. Las clases (de primaria y secundaria) no empezaban hasta septiembre, así que nos esperaba un verano en limbo. Cerca de nosotros vivían nuestros primos, pero ellos ya habían dado un paso hacia la otra cultura. Nos ayudaban como podían, informándonos, instruyéndonos, pero siempre con cierta impaciencia y hasta con un poco de lástima.

Fue un alivio estar otra vez en el seno del hogar, gozar de la protección de mis padres. Al encontrarme con ellos en el aeropuerto aquel día de mayo, tuve la sensación de que estaba abrazando a dos extraños. No lo podía creer: ¡en cuestión de nueve meses se me habían olvidado sus rostros! Pero ese breve lapso no fue una barrera para que volviera a crecer el amor. Habíamos vuelto a ser una familia. Y esa familia trató de abrirse paso en el exilio como pudo.

Mi papá había llegado a California tras un período de ardua labor y vicisitudes. (Los cubanos que decidían abandonar el país eran internados en el campo donde vivían y trabajaban hasta el momento de salir.) Elías, que había sido toda una vida viajante de ropa, de pronto se vio cortando caña y bregando con la humillación de ser un «gusano» (así llamaban a los que se iban). Mi madre también tuvo que enfrentarse a la labor del campo, aunque la dejaban volver a casa los domingos. En fin, que tras esa odisea (a la cual hay que agregar la ausencia de sus hijos), mis padres llegaron para empezar de nuevo en los Estados Unidos. Lo perdieron todo: hogar, amigos, patria. Pero esperaban a cambio ganarse el premio de un futuro para sus hijos. El triunfo.

Ese triunfo llegó, aunque no de pronto, fácilmente. Primero sufriríamos varios golpes. El más desastroso: Mi padre tuvo un accidente en la fábrica donde trabajaba y se lastimó la columna vertebral. Esto lo incapacitó y lo llevó a la cama, a la inactividad. Se volvió taciturno, violento. La frustración por no poder proveer para su familia lo llenó de angustia. No quiero recordar, mucho menos describir, al padre que tuve en aquellos días. Quisiera pensar sólo en los momentos felices, en los *happy endings*. Y sin embargo, esos momentos perfectos no existirían si no llegaran como el sol, la luz y el arco iris, tras el horror de una tormenta.

Mi padre sobrevivió su postración y trató de regresar a la fábrica. Pero su cuerpo ya no podía soportar el trabajo brutal, las largas horas de esfuerzo físico. Buscaría la manera de ganarse la vida como conserje, limpiando y cuidando edificios de apartamentos, o pintando casas. Lo que fuera, siempre que tuviera la facilidad de seguir su propio paso. Mi madre se dedicó a la costura, volviendo periódicamente al trabajo de fábrica cuando la necesidad económica se lo exigía. Y Jorge y yo tratamos, a nuestro modo, de contribuir a la subsistencia de aquel hogar.

Un día nos mudamos a Hawthorne, mejor zona, mejor escuela (Leuzinger High), y esa insípida ciudad del South Bay se convirtió gradualmente en nuestro *hometown:* la nueva pequeña patria. Mi hermano y yo íbamos dejando atrás la infancia para encarnar una mezcla híbrida de esto y aquello, de Cuba y España y California. Aquellos dos niños que una vez vivieron en Ciego de Ávila, guardianes de un universo donde reinaban las gallinas, los cerdos, los conejos y las ratas; aquellos niños habían dejado de existir. En su lugar habían surgido estos adolescentes que chapuceaban el inglés y pensaban en su porvenir: ¿Seguiríamos estudiando? ¿Empezaríamos a trabajar al terminar la secundaria? La universidad era una posibilidad remota. Implícitamente se asumía que nosotros tendríamos oficios prácticos. Quizá llegáramos a ser dueños de algún negocio, una tienda de comestibles por ejemplo, o un restaurante. Lo que menos se deseaba para nosotros era una vida dedicada al arte, a la actividad intelectual, como la que yo soñaba tener. Para un hijo de inmigrantes, esa vida no podía ofrecer más que privaciones y escasas ganancias.

Mis padres no podían darse el lujo de fomentar el trabajo creativo. Simplemente había necesidades imperiosas que enfrentar. Para mi hermano sería fácil ajustarse a las expectativas del exilio; teniendo una mente ágil para la electrónica, se haría ingeniero. Para mí el proceso de encontrar mi cauce profesional sería más duro, menos «normal». Mi sensibilidad artística (que por momentos llegué a considerar un obstáculo para el éxito económico) me llevaba a inventarme fantasías, a «perder el tiempo» escribiendo versos y canciones, dibujando, pintando.

No me propuse ir en contra de las expectativas familiares, desviarme del proceso aceptable dentro de nuestra comunidad. No, desde niño tuve inclinaciones creativas que llegaron sin yo buscarlas. Hoy me pregunto si me volví artista como escape a una cultura autoritaria y machista. O si nací escritor, soñador, y luego esa cultura quiso alienarme. ¿Quién sabe? Lo cierto es que tuve que ir buscando mi lugar en el mundo a tropezones, a regañadientes. Siempre bajo la sombra del desapruebo, con la duda y hasta la lástima de aquéllos que me rodeaban: mis padres, mi abuela, otros parientes, amigos, vecinos. Y hasta yo mismo.

¿A quién se le ocurre dedicarse a la pintura? (Porque me dio por hacer paisajes y retratos al óleo; sin duda un «pasatiempo» costoso.) ¿De qué puede servir la escritura? (Porque me dio por escribir novelas románticas, cuentos macabros y poemas cursis; muchas horas «perdidas» por amor al arte.) ¿Quién está dispuesto a hacer lo que haya que hacer para alcanzar fama y fortuna? (Fama y fortuna: único criterio para medir el triunfo de un artista, según la opinión dominante.) ¿Quién? Sólo una persona sin visión pragmática ni ambición, sin deseos de mantener a una familia. Una vida de estudio universitario como la que yo empecé a vislumbrar era una vida sin fines lucrativos. Mis metas parecían demasiado abstractas, intangibles. Al terminar mi carrera, ¿a qué podía yo aspirar? ¿a ser maestro o profesor? ¿a ganar un mísero sueldo después de tantas horas de dedicación y esfuerzo?

Pero me estoy adelantando. Antes de enfrentarme a la actitud materialista de la sociedad que me rodeaba, habría de pagar mi derecho de piso. Tuve una serie de trabajos gracias a los cuales podía costearme los libros, comprar gasolina, ir al cine. El primero fue casi recién llegado, en el Hawthorne Car Wash; limpiaba radiadores con manguera y secaba carros. Luego fue la carnicería de aquel supermercado, donde me metí un gancho en el brazo y me tuvieron que llevar a emergencia. En Burger King hacía de todo un poco (limpiaba el piso, preparaba hamburguesas, etcétera); allí aumenté veinte libras por comer tantas *Whoppers* y escuché por primera vez la música de Elton John. Y el trabajo más largo, que duró tres años, fue el de una fábrica de productos electrónicos. Teledyne quedó caracterizada en mi primera novela, un sitio de maquinarias y telescopios, de jerarquías misteriosas. Allí quemé muchas piezas en la máquina que me asignaron, mientras leía mis libros o escribía novelas. En Teledyne encontré buenos amigos, y desde allí emprendí mis estudios. El Camino College, donde tuve mi primer trabajo pedagógico, como tutor de inglés; Domínguez Hills, donde conseguí una beca de la Del Amo Foundation para estudiar en España; UC Irvine, donde forjé mis amistades más significativas y descubrí el poder de la literatura.

Otra vez me adelanto. Antes, mucho antes de entrar en mis laberintos académicos y mis sueños de escritor, habría de conocer una forma nueva y maravillosa de amar. No me refiero al amor romántico, erótico. No. Hablo de Vikki, nacida el 5 de abril de 1975: mi hermanita, la primera «americana» de la familia. Con ella sentí un propósito; vislumbré la razón de estar aquí, motivo para hacer algo bueno de mi exilio.

Vikki nos trajo alegría, nos hizo sentirnos optimistas. Con ella llegó también una nueva serie de desafíos y preocupaciones (más que nada para mis padres). Yo era un joven típicamente egoísta, por lo cual no pude o no quise ver los momentos de angustia de Gladys y Elías. Ellos bregaban con cuestiones serias y básicas: tener suficiente dinero para el alquiler, la comida, los pañales y el médico de la niña. Yo, al margen de esa problemática, me encontraba sumido en un mar de pasiones juveniles, renuente a aceptar mi «destino» de inmigrante pobre. Entregado a esa búsqueda del sentido de la vida que caracteriza a tanto joven. El mundo está en contra de uno. Hay que luchar por mejorarlo o destruirlo. Hay que hacerlo desaparecer.

Regresé a España en 1976 en busca de mi infancia, de mi temprana adolescencia. Recorrí los rincones de aquel año cuando mi hermano y yo nos atracábamos a escondidas de churros y chocolate, de baratos bocadillos de calamar, de unos dulces deliciosos llamados *palmeras*. Aquel diciembre frío de 1968 cuando Raphael vociferaba su «Acapulco» y Salomé vivía cantando. Volví a mi escuela, Amador de los Ríos; la encontré desteñida, gastada por los años. Visité el edificio donde mi hermano y yo vivimos, y me dio la impresión de que estaba habitado por fantasmas. La España de Franco era ahora esta otra España destapada, ansiosa por abrirse al cambio y a la historia. Y yo ya no era un niño refugiado.

Sin acceso a Cuba, a un pasado idealizado por el recuerdo; sin el alivio de un Madrid visto a través de los ojos de la infancia, ¿qué me quedaba? ¿Adónde iba para encontrarme a mí mismo? Por suerte mi hermana me centró. Vikki me alentaba con su risa, con sus juegos y sus inquietudes. La quise como a nadie había querido. Luché por su amistad, por su confianza. La convertí en Imagen del Futuro. Cuba corría por su sangre y sin embargo su experiencia era ajena a la historia que nosotros, su familia, habíamos forjado en la isla. Su mundo me parecía un sitio feliz. Su amor me motivó a escribir mi mejor poema: «Hermanita nacida en estas tierras».

Vikki, además, me instó sin saberlo a perseguir mis sueños. Yo tenía que hacerme digno de ella, tenía que llegar lejos para lograr, desde allí, ser su guía y su modelo. Sin darme cuenta empecé a ver a mi hermana a través de un espejo. Ella era yo sin mis recuerdos, sin mi nostalgia y mis rechazos culturales. Pero en Vikki también había mucho de mí. De cierto modo, esa hermana fue mi primer personaje verdadero, texto viviente, página en blanco donde yo deposité mis pasiones de artista: por la música, la literatura, el cine, la creación.

El hermoso personaje de mi hermana también asumió, por momentos, el rol de creador. Me fue creando a mí a medida que crecía y descubría su identidad. Me fue involucrando en sus vivencias. Soy producto de nuestros momentos compartidos, de nuestros diálogos y nuestros desacuerdos. Cada ser humano que llega a nosotros nos influye de alguna manera. Las relaciones profundas tienen el potencial para transformarnos. Y Vikki llegó al estrecho apartamento de Hawthorne con toda la fuerza del universo para transformar a sus padres y a sus hermanos.

No olvidaré nunca la manera en que me miró aquel día de 1984 cuando me puse traje y corbata para una entrevista en una universidad. Ese señor encopetado no era el hermano con quien ella había cantado a todo pulmón las canciones de Rick Springfield, el que le compraba discos y admiraba su *breakdancing*. Vikki me miró con cierta tristeza, medio burlona. Intuía que pronto sufriríamos una separación. Yo me iría a Kansas para emprender mi carrera. Ella se quedaría en el nido familiar para trazar su propia historia y diseñar su destino.

No siempre me he sentido parte de ese destino. No siempre ha sido fácil mirar a mi hermana volar, alejarse, ser sí misma sin mí. Me he visto por momentos al margen de su vida, sin acceso a sus círculos sociales, a sus vivencias. Por suerte, siempre he logrado encontrar un rescoldo de su universo donde habito plenamente, donde su infancia y mi adolescencia convergen.

Han llegado y se han ido los proyectos: ella convertida en cineasta, yo en escritor. Viajes, novelas, guiones para futuras películas. Vikki se ha cambiado el nombre a Gin; yo sigo llamándola como siempre. Y el pasado sigue uniéndonos. Ese pasado es el trasfondo, la fuente inagotable de un sinfín de historias.

Heredera del exilio, Vikki ha llegado a conocer a Cuba sin haberla visto. Sus padres le inculcaron la esperanza de visitar la isla algún día, de sentirla en carne propia. La misma esperanza abrigo yo: de que mi hija llegue a descubrir nuestros recuerdos, a descifrar la crónica de una familia en busca del futuro, mapa de travesías y triunfos agridulces.

# COMPRENSIÓN Y OPINIÓN

## Actividad A ¿Qué dice el narrador?

Para cada una de las declaraciones que siguen, hay una respuesta incorrecta. Indique cuál es.

1. Gladys y Elías querían sacar a sus hijos de Cuba porque _____.
   a. a los quince años éstos tendrían que ingresar en el ejército
   b. pensaban que no había futuro en un país comunista
   c. habían perdido la herencia monetaria que les estaban guardando
2. Algunos de los niños cubanos que llegaban a Madrid en los años 60 _____.
   a. iban a vivir en un orfanato de la Iglesia
   b. iban a vivir con familias norteamericanas
   c. iban a vivir en casa de familiares
3. El narrador siente rencor hacia el primo de su padre porque este hombre _____.
   a. trató de mandarlo a los Estados Unidos antes de que llegaran sus padres
   b. era autoritario y humillaba al narrador y a su hermano
   c. se quedaba con el dinero que el padre del narrador les enviaba de Cuba
4. Al principio, la vida en California fue una desilusión porque el narrador _____.
   a. no había anticipado lo difícil que era el inglés

    **b.** no se llevaba bien con sus primos

    **c.** no podía caminar por las calles y ver a gente

5. Con tal de poder emigrar de Cuba, los padres del narrador tuvieron que enfrentar _____.

    **a.** el trabajo de cortar caña en el campo

    **b.** el disgusto de perder su hogar y a sus amigos

    **c.** los peligros de cruzar ilegalmente una frontera

6. Lo que menos deseaba la familia del narrador era que él y su hermano _____.

    **a.** siguieran carreras académicas

    **b.** consiguieran oficios prácticos

    **c.** usaran su talento artístico para ganarse la vida

7. El narrador encontró empleo en _____.

    **a.** un Burger King

    **b.** una tienda de discos

    **c.** un supermercado

8. El nacimiento de Vikki _____.

    **a.** le trajo alegría a la familia

    **b.** llenó de inspiración al narrador

    **c.** casi arruinó económicamente a la familia

9. Al regresar a España, el narrador _____.

    **a.** enseñó inglés por un mes en un colegio

    **b.** visitó el edificio donde había vivido de niño

    **c.** encontró un país que intentaba abrirse al cambio

10. El narrador le atribuye a su hermana Vikki _____.

    **a.** el deseo de que un día su propia hija viaje a Cuba

    **b.** el enriquecimiento de su propia vida

    **c.** un sentimiento de tristeza debido a la distancia que los separa

## Actividad B ¿Qué opinan Uds.?

En grupos de tres o cuatro estudiantes, comenten las siguientes preguntas.

1. Si tienen hermanos, ¿cómo son sus relaciones con ellos? ¿Existen algunas diferencias entre hermanos con respecto al grado de asimilación a la vida en los Estados Unidos? ¿Cuáles son esas diferencias? Si no tienen hermanos, describan las relaciones que tienen con sus primos u otros miembros de su familia.

2. ¿Qué sacrificios tuvieron que hacer sus abuelos, padres o Uds. mismos para poder emigrar a los Estados Unidos? ¿Qué sacrificios tuvieron que hacer después de llegar a este país?

3. ¿Cómo influyen las opiniones de su familia en decisiones en cuanto a su educación, en general, y a la elección de su carrera, en particular? ¿Cómo resuelven Uds. tales conflictos?

4. ¿Qué ideas tienen muchas personas de los países hispanohablantes de la vida en los Estados Unidos? ¿Son ciertas o falsas esas ideas? Expliquen.
5. Describan el barrio y la comunidad donde Uds. viven. ¿Son parecidos o distintos de los que conoció el narrador en California? Expliquen.
6. ¿Qué aspectos de su vida les sirven de inspiración y apoyo a Uds. cuando se enfrentan con decisiones difíciles?

## Actividad C  Un paso más

Un padre / Una madre le explica a su pequeño hijo / pequeña hija que van a estar separados por algún tiempo, pero que después, la familia se reunirá en otro país. En parejas, inventen este diálogo. Luego preséntenselo al resto de la clase. Traten de considerar todos los aspectos de esta situación y de incluir detalles específicos. ¿Cómo se sentiría el hijo / la hija? ¿Cómo se sentiría el padre / la madre?

# Vocabulario español–inglés

This vocabulary contains all words that appear in the text with the exception of (1) articles, numerals, possessives, demonstratives, personal pronouns, and other words that an average student of intermediate Spanish would be expected to know; (2) close or exact cognates; (3) most conjugated verb forms; (4) most diminutives and superlatives; and (5) adverbs created by adding **-mente** to listed adjectives.

Gender has not been indicated for masculine nouns ending in **-o** nor for feminine nouns ending in **-a, -dad, -ión, -tad,** or **-tud.** Adjectives are given in masculine form only. Stem changes and spelling changes for verbs are indicated in parentheses.

## Abbreviations

| | | | | | |
|---|---|---|---|---|---|
| *adj.* | adjective | *int.* | interjection | *prep.* | preposition |
| *adv.* | adverb | *irreg.* | irregular | *pron.* | pronoun |
| *conj.* | conjunction | *m.* | masculine | *sing.* | singular |
| *f.* | feminine | *n.* | noun | *v.* | verb |
| *ger.* | gerund | *pl.* | plural | | |
| *inf.* | infinitive | *p.p.* | past participle | | |

### A
**abandonar** to leave; to abandon
**abarcar (qu)** to embrace
**abogado** lawyer
**abogar (gu)** to advocate; to defend
**abordar** to board
**abrazar (c)** to embrace; to hug
**abrigar (gu)** to harbor; to cherish
**abrigo** overcoat

**abrir** (*p.p.* **abierto**) to open; **abrir(se) camino** to clear the way; **en un abrir y cerrar de ojos** in the blink of an eye; **abrirse paso** to make one's way
**absoluto: en absoluto** not at all
**absorbente** absorbing, engrossing
**aburrido** bored; boring
**aburrimiento** boredom

aburrirse to get bored
acabar to finish, end; **acabar de** + *inf.* to have just (*done something*); **acabar en** to end up in
acariciar to caress
aceptar to accept
acera sidewalk
acerca de about, regarding
acercarse (qu) (a) to approach, come up (to)
acero steel
aciago unlucky, fateful
aclarar to explain; to make clear
aclimatación acclimatization
acogedor welcoming
acoger (j) to welcome; to accept
acomodar to accommodate
acompañar to go with, accompany
acondicionado: aire (*m.*) acondicionado air conditioning
acontecimiento event
acordarse (ue) (de) to remember
acordeón *m.* accordion
acoso harassment
acostarse (ue) to go to bed
acostumbrarse (a) to become accustomed (to)
actitud attitude, position
activista *m., f.* activist
acto act, action, deed; **acto seguido** immediately afterward
actuación performance
actualidad present, present time
actualmente at the present time, at the moment; nowadays
actuar to act
acudir (a) to come (to)
acuerdo: **de acuerdo con** in agreement with; **estar** (*irreg.*) **de acuerdo** to agree
acumular to accumulate
acusar (de) to accuse (of), charge (with)
adaptarse to adapt oneself
adecuado appropriate, suitable; adequate, sufficient
adelantado: **por adelantado** in advance

adelantar to improve; **adelantarse** to get ahead (*of oneself*)
adelante ahead, forward, further; **más adelante** farther on; **de ahí (allí) en adelante** from then on; **desde ese punto en adelante** from that point on; **salir** (*irreg.*) **adelante** to get ahead, come out well; **seguir (i, i) (g) adelante** to go on, carry on
además furthermore, in addition
adentrarse to penetrate, go deeply
adentro *adv.* inside
adinerado rich, wealthy
adivinar to guess
admirar to admire
admitir to admit
adolescente *m., f.* adolescent
adorar to adore
adquirir (ie) to acquire
advertir (ie, i) to warn; to inform
aéreo *adj.* air; **fuerza aérea** air force; **por vía aérea** by air
aerolínea airline
aeromozo/a flight attendant
aeropuerto airport
afanarse to work hard
afectar to affect
afecto affection
afectuoso affectionate; warm (*greetings*)
aferrado a attached to, fixed to
afirmación statement
afirmar to affirm; to assert, tell
afortunado fortunate, lucky
afuera (de) *adv.* outside
agarrar to grab
ágil quick
agobiado overwhelmed
agotar to use up
agradable pleasant; charming
agradar to please
agradecer (zc) to thank
agradecido grateful
agregar (gu) to add
agresión violence
agridulce bittersweet
agrio sour
agua *f.* (*but* **el agua**) water

**aguantar** to hold on; to stand firm
**aguardar** to await, be in store
**aguarle (gü) la boca (a alguien)** to make (someone's) mouth water
**aguijón** *m.* thorn, prickle
**ahí** there; **de ahí** in this/that way, hence; **de ahí en adelante** from then on
**ahínco** eagerness, zeal
**ahora** now
**ahorrar** to save (*money*)
**ahorros** *pl.*: **cuenta de ahorros** savings account
**aire** *m.* air; wind; atmosphere; **aire acondicionado** air conditioning; **tener (*irreg.*) muchos aires** to be like, resemble
**aislamiento** isolation
**aislarse** to isolate oneself; to withdraw
**ajedrez** *m.* chess
**ajeno** foreign; strange
**ajetreado** bustling
**ajiaco** *stew made of vegetables and meat*
**ajo** garlic
**ajustarse** to tighten; to conform, adapt oneself, adjust
**ajuste** *m.* adjustment
**alborotero** noisy
**alboroto** confusion, disorder
**albur** *m.* risk, chance
**alcalde** *m.* mayor
**alcanzar (c)** to reach; to obtain, get, attain; to be sufficient; to hand over (*something*); **alcanzar a + *inf.*** to manage to (*do something*)
**alegremente** happily
**alegría** happiness
**alejado** distant, remote
**alejarse** to withdraw, move away, leave
**alemán, alemana** *n., adj.* German
**alentador** encouraging
**alentar (ie)** to encourage, inspire
**alfombra** rug, carpet
**alfombrado** carpeted
**algo** *pron.* something; *adv.* somewhat
**alguien** someone

**algún, alguno** *adj., pron.* some; any; at all; **algún día** someday; **alguna vez** ever
**alienar** to alienate
**alimentar** to nourish; to feed
**alimento** food; sustenance
**alineado** lined up
**alistamiento** enlisting, recruitment
**alivio** relief
**allá** there; **más allá de** beyond
**allí** there; then; **allí mismo** right there; **de allí en adelante** from then on
**alma** *f.* (but **el alma**) soul, spirit
**almacén** *m.* department store
**almorzar (ue) (c)** to have lunch
**almuerzo** *n.* lunch
**alojamiento** lodging
**alojarse** to lodge, stay
**alquilar** to rent
**alquiler** *n. m.* rent
**alrededor de** around
**alto** high; **en voz alta** out loud
**altoparlante** *m.* loud speaker
**altura** height; **a esas alturas** at this point, at this advanced stage; **a la altura de** level with
**alumbramiento** childbirth
**alumbrar** to enlighten
**alumno/a** student
**alzarse (c)** to rise, rebel
**amanecer (zc)** *v.* to dawn, get light
**amante** *m., f.* lover
**amar** to love
**amargura** bitterness
**amarillento** yellowish
**amarillo** yellow
**ambicionar** to desire, long for; to aspire (to)
**ambiente** *m.* atmosphere, environment
**ambos** *pl.* both
**ambular** to stroll
**amenazante** threatening
**amistad** friendship
**amor** *m.* love
**amoroso** loving, affectionate
**ampliamente** fully

**ampliar** to extend, amplify, increase
**amplio** large; wide
**anaranjado** orange-colored
**ancho** wide
**andaluz, andaluza** *n., adj.* Andalusian
**andar** (*irreg.*) to walk
**anglo** *adj.* English-speaking
**angloparlante** *adj.* English-speaking
**anglosajón, anglosajona** *n., adj.*
   Anglo-Saxon
**angustia** anguish, anxiety, distress
**angustiado** anxious
**angustioso** distressing
**anhelo** longing, desire
**anillo de bodas** wedding ring
**animar** to encourage; to inspire;
   **animar (a alguien) a** + *inf.* to
   encourage (someone) to (*do
   something*)
**ánimo** energy, drive; spirit; **estado de
   ánimo** mood, frame of mind
**aniquilarse** to be wiped out
**anoche** last night
**anochecer** *n. m.* nightfall, dusk
**anotar** to write down
**ansia** *f.* (*but* **el ansia**) desire
**ansiar** to long for
**ansioso** anxious, eager
**ante** before, in the presence of
**antepasado** ancestor
**antepenúltimo** second from the last
**anterior** previous
**antes** *adv.* before; previously; **antes de**
   *prep.* before; **antes (de) que** *conj.*
   before; **lo antes posible** as soon as
   possible
**anticipar** to anticipate
**anticuado** old-fashioned, out-of-date
**antiguo** ancient; old
**antología** anthology
**anular: dedo anular** ring finger
**anunciar** to announce
**anuncio** announcement; advertisement
**añadir** to add
**añasqueno** from Añasco, Puerto Rico
**año** year; **tener** (*irreg.*)... **años** to be . . .
   years old
**añoranza** loneliness

**apagar (gu)** to turn off
**aparecer (zc)** to appear
**aparentar** to look, appear
**aparente** apparent, seeming
**aparte** aside; **aparte de** apart from,
   besides; **hoja de papel aparte**
   separate sheet of paper
**apasionado** passionate
**apasionar** to impassion
**apellido** last name
**apenas** hardly, barely
**aplastar** to crush, squash, flatten
**aplicarse (qu)** to apply
**apoderarse de** to take control of
**apogeo** apogee, height
**aportar** to contribute
**apoyar** to support
**apoyo** support
**apreciar** to appreciate
**aprecio** appreciation
**apremiante** urgent, pressing
**aprender** to learn
**aprendizaje** *m.* learning
**aprobar (ue)** to pass (*a course*)
**apropiado** appropriate
**aprovechamiento** development;
   diligence
**aprovechar** to make use of, take
   advantage of
**apuesto** handsome
**apurarse** to hurry
**aquel: en aquel entonces** at that
   time
**árbol** *m.* tree
**archivar** to file
**archivo** file
**arco iris** rainbow
**arder** to burn (*emotions*)
**arduo** arduous, hard
**área** *f.* (*but* **el área**) area
**argumentar** to argue
**arma** *f.* (*but* **el arma**) weapon
**armado** armed
**armar** to make, set up
**armonía** harmony
**arrancar (qu)** to snatch
**arrastrar** to drag
**arreglar** to solve; to fix, mend

**arreglo** *n.* arrangement, agreement
**arrepentido** repentant; regretful
**arriba: cara arriba** face up
**arribar** to arrive
**arribo** arrival
**arriesgarse (gu)** to take a risk
**arrodillarse** to kneel down
**arrojado** thrown
**arroz** *m.* rice
**arruga** wrinkle
**arrugado** wrinkled
**arruinar** to ruin
**artesanía** handicrafts, artisanry
**artículo** article
**artista** *m., f.* artist
**asado: lechón** (*m.*) **asado** roast suckling pig
**asegurado** insured, safeguarded, assured
**asegurador: compañía aseguradora** insurance company
**asegurarse de** to make sure
**asemejarse** to be similar
**aseo** hygiene
**asesinato** murder
**asfalto** asphalt
**así** so, thus, like this (that); such; **así que** so, then
**asiento** seat, chair
**asignar** to assign
**asilarse** to take asylum/refuge
**asilo** asylum
**asimilarse** to assimilate oneself
**asistir a** to attend
**asma** *f.* (*but* **el asma**) asthma
**asociarse** to associate oneself
**asomar** to begin to appear
**asombrarse** to be amazed
**asombro** amazement
**asombroso** astonishing, amazing
**aspirar** to aspire
**asumir** to assume
**asunto** matter, affair
**asustado** frightened, scared
**atacar (qu)** to attack
**ataque** (*m.*) **al corazón** heart attack
**atar** to restrain
**atemorizar (c)** to terrify, frighten

**atención** attention; **llamar la atención** to attract/draw attention; **poner** (*irreg.*)/**prestar atención** to pay attention
**atender (ie)** to attend, be present; **atender a** to attend to, take care of
**aterrizaje** *m.* (plane) landing
**aterrorizado** terrifying
**atesorado** treasured
**atestiguar (gü)** to witness, testify (to)
**atracarse (qu)** to stuff/gorge oneself
**atrapar** to trap; to take in, ensnare
**atrás** *adv.* behind; ...**años atrás** ... years ago
**atrasar** to delay, slow down
**atrayente** attractive, appealing
**atreverse** to dare; **atreverse a** + *inf.* to dare to (*do something*)
**atribuir (y)** to attribute
**audacia** audacity, daring
**aumentar** to gain (*weight*)
**aun** *adv.* even
**aún** *adv.* yet, still
**aunque** although
**ausencia** absence
**auténtico** authentic, genuine
**auto** automobile
**autobús** *m.* bus
**autodeterminarse** to call/define oneself
**autoestima** self-esteem
**autor(a)** *m.* author
**autoritario** authoritarian; imperious
**autorizado** authorized
**avecinarse** to approach
**avenida** avenue
**aventura** adventure
**aventurero** adventurous
**avergonzar (güe) (c)** to embarrass
**averiguar (gü)** to find out, ascertain
**aviador** *m.* pilot, aviator
**avión** *m.* airplane
**avisar** to inform
**ayer** yesterday
**ayuda** help, aid
**ayudante** *m., f.* assistant; aide
**ayudar** to help
**azafata** flight attendant (*female*)

azahar *m.* orange blossom
azar *m.* chance; **al azar** at random
azul blue; **azul celeste** sky-blue

**B**
bache *m.* pothole
bachiller *m.* high school
bachillerato high school diploma
bailable danceable
bailar to dance
bailarín *m.* dancer
baile *m.* dance
bajar to go down; to take down (*from a shelf*); **bajarse** to get off (*a bus*)
bajo under, beneath
balancearse to balance oneself
balanza balance
balcón *m.* balcony
bancario *adj.* banking
banco bank; bench
bandeja tray
bandera flag
bañera bathtub
baño bathroom
baraja deck (*of cards*)
barato cheap, inexpensive
barba beard
barbaridad piece of nonsense
barco boat, ship
barrera barrier
barrio neighborhood
bastante *adj.* enough; *adv.* enough, sufficiently; rather, fairly
bastar to be enough/sufficient
batallar to struggle
batallón *m.* battalion
batir to beat, mix
bebé *m.* baby
beca scholarship
belleza beauty
bello beautiful
bendición blessing; grace (*said before a meal*)
beneficiar to benefit
beneficio benefit
benévolo kind
besar to kiss
beso kiss

biblioteca library
bibliotecario librarian
bizcocho biscuit; pastry
blanco white; **en blanco** blank
blusa blouse
boca mouth; **aguarle (gü) la boca (a alguien)** to make (someone's) mouth water
bocabajo face down
bocina telephone) receiver
boda wedding; **anillo de bodas** wedding ring
bola ball
boleto ticket
boliche *m. flank steak rolled up and stuffed with other meats or potatoes, sliced and served with rice and beans or vegetables*
bolsa purse
bolsillo pocket
bondad goodness
bondadoso kind
bonito pretty
borde *m.* brink
bordeado bordered
boricua *n. m., f.; adj.* Puerto Rican
borracho *adj.* drunk; **torta borracha** cake soaked in rum
brasileño *adj.* Brazilian
bravura ferocity
brazo arm
bregar (gu) to struggle; to labor
breve *adj.* brief; **en breve** in short
brillar to shine
brincar (qu) to skip, jump
brindar to offer; **brindarse** to offer oneself, volunteer
brisa breeze
británico *adj.* British
broma joke
brusco abrupt
buche *m.* mouthful
bufete *m.* lawyer's office
buganvilla bougainvillea
buñuelo doughnut, fritter
burlar(se) to make fun of, mock
burlón *adj.* joking
buró *m.* writing desk

**busca** *n.*: **en busca de** in search of
**buscar (qu)** to look for; **venir** (*irreg.*) **a buscar** to pick up
**búsqueda** search
**buzón** *m.* mailbox

**C**

**caballeresco** gentlemanly; chivalrous
**caballo** horse
**cabecera** headboard
**caber** (*irreg.*) to fit; **no cabe duda** there's no doubt
**cabeza** head
**cabezón** *m.* large-headed person
**cabizbajo** with head bowed
**cabo** end; thread; **al cabo de** at the end of; **al fin y al cabo** after all
**cacerola** casserole, stew pot
**cacharera** *type of Argentine music*
**cachete** *m.* cheek
**cada** each; every; **cada cual** each one
**caer(se)** (*irreg.*) to fall
**café** *m.* coffee; coffeehouse
**caída** fall
**caja** box; cashier's desk
**cajón** *m.* drawer
**calcular** to calculate
**cálculo** calculation
**caldera** melting pot
**calentar (ie)** to warm
**calibre** important
**calidad** quality
**calificación** grade (*school*)
**callar** to shut up, make quiet; **¡cállate!** *int.* be quiet!
**calle** *f.* street
**callejero** *adj.* street
**calmar** to calm
**calor** *m.* heat
**caluroso** hot
**cama** bed
**cámara** camera
**cambiar** to change
**cambio** change; **a cambio de** in exchange for; **en cambio** on the other hand; in return, in exchange
**caminar** to walk

**camino** way, course; road, path, track; route; **abrir(se) camino** to clear the way
**camión** *m.* truck
**camisa** shirt
**camiseta** T-shirt
**campamento** camp
**campana** bell
**campesino** *adj.* country
**campo** field; country
**cancelado** canceled
**canción** song
**candente** important
**cansado** tiring
**cantante** *m., f.* singer
**cantar** to sing
**cantidad** quantity
**caña** cane
**cañona: a la cañona** by force
**caos** *m. sing.* chaos
**caótico** chaotic
**capacitado** qualified
**capaz** capable
**capitán** *m.* captain
**captar** capture
**capullo** bud
**cara** face; surface; **cara arriba** face up
**carácter** *m.* character
**característica** *n.* characteristic, feature
**característico** *adj.* characteristic, typical
**caracterizar (c)** to characterize
**carcajada: reírse (i, i) a carcajadas** to laugh one's head off
**carecer (zc) de** to lack
**carencia** lack
**cargador** *m.* loader
**cargar (gu)** to carry; to load
**cargo** position
**Caribe** *n. m.* Caribbean (Sea)
**caribeño** *adj.* Caribbean
**cariño** affection
**cariñoso** affectionate
**carmelita** *adj.* brown
**carne** *f.* flesh; meat
**carnet** *m.* identity card; license
**carnicería** meat market
**caro** expensive

**carpeta** folder
**carrera** career; race
**carretera** road; highway
**carro** car
**carta** letter
**cartabón** *m.* framework
**cartel** *m.* poster; handbill
**cartera** handbag; portfolio
**cartón** *m.* cardboard
**casa** house; **casa de empeño** pawnshop
**casado** *n.* married person; *adj.* married; **recién casado** newlywed
**casamiento** marriage; wedding
**casarse** to get married
**casi** almost
**caso** case
**castaño** brown
**castañuela** castanet
**castellano** *adj.* Castilian (Spanish)
**castigo** punishment
**casto** pure, chaste
**casualidad** coincidence; chance
**caterva** stack
**católico** Catholic
**caucásico** Caucasian
**cauce** *m.* course, direction
**caucho: espuma de caucho** foam rubber
**causa** cause; **a causa de** because of
**caza: piloto de caza** fighter pilot
**cazar (c)** to catch
**celebrar** to celebrate
**celeste: azul celeste** sky-blue
**cena** dinner
**cenar** to have dinner
**cencerro** bell
**centavo** cent
**centella** spark
**centrar** to center (*oneself*)
**centro** downtown; center
**ceño** frown, scowl
**cerca** *adv.* close, nearby; **cerca de** *prep.* near, close to; nearly
**cercano** *adj.* close
**cerdo** pork; pig
**ceremonia** ceremony

**cerrar (ie)** to close; **en un abrir y cerrar de ojos** in the blink of an eye
**cerro** hill
**certeza** certainty
**certificado** certificate
**cerveza** beer
**césped** *m.* grass
**chale** possessing Asian physical features (*Mexico*)
**chango** monkey
**chapucear** to botch, bungle
**charlar** to chat
**cheque** *m.* check
**chévere** terrific, great
**chicle** *m.* chewing gum
**chileno** *adj.* Chilean
**chino** *adj.* Chinese
**chiste** *m.* joke
**choque** *m.* shock
**churro** fritter
**cielo** sky
**cierto** certain; true; **por cierto** certainly
**cine** *m.* movie theater; movies
**cineasta** *m., f.* filmmaker, film producer
**cinturón** *m.* belt; **cinturón de seguridad** safety (seat) belt
**círculo** circle
**cita** appointment; date; quote
**ciudad** *f.* city
**ciudadanía** citizenship
**ciudadano/a** citizen
**claridad** clarity
**clarividente** *adj.* clairvoyant
**claro** *adj.* clear; light; *adv.* of course; clearly; **claro está** of course; **tener** (*irreg.*) **claro** to be clear (*about something*)
**clase** *f.* class; type, kind
**clasificar (qu)** to classify
**clavado** nailed; fixed
**clave** *f.* key (*to a code/message*)
**clavés** *percussion instrument used in the folkloric music of the Antilles*
**clima** *m.* climate
**cochera** garage
**cocina** cuisine; kitchen

cocinar to cook
cocinero/a cook
coco coconut
colchón *m.* mattress
colectivo *passenger vehicle smaller than a bus*
colegio school; college
cólera: dar *(irreg.)* cólera to annoy, anger
coletear to drag (oneself)
colgar (ue) (gu) to hang
collar *m.* necklace
colmado overwhelmed
colmar to fill
colmo: para colmo (de males) to make things worse
colocar (qu) to place, put
colorín, colorado *term used to mark the end of a story or passage*
combate *m.* combat
combatir to fight
combinar to combine
comentar to make comments on, talk about
comenzar (ie) (c) to begin
comer to eat
comestible *m.* food
cometer to commit
comida food; meal
comienzo beginning
comisionar to commission
comité *m.* committee
como: tal como just as; such as
comodidad comfort
cómodo comfortable
compadecer (zc) to sympathize with, pity
compañero/a companion
compañía company; compañía aseguradora insurance company
comparación comparison
comparar to compare
compartamento compartment
compartir to share
compás: al compás de in step with, to the beat of
compasivo compassionate
compensar to compensate

competencia competition
competir (i, i) to compete
complacer (zc) to please
complejidad complexity
complejo complex, intricate
completar to complete; to finish
completo complete; completed, finished; por completo completely
complicarse (qu) to become complicated
componer (*like* poner) to constitute; to compose
compositor(a) composer
comprar to buy
comprender to understand
comprensión comprehension, understanding
comprobar (ue) to prove, confirm
compuesto made up, formed
computación: máquina de computación adding machine
computadora computer
común common; común y corriente everyday, common, ordinary
comunicar (qu) to communicate
comúnmente usually, generally
con tal de que provided that
concentrarse en to be focused on
concertista *m., f.* performer
conciencia consciousness, awareness
concierto concert
concluir (y) to conclude
concretarse to be made concrete
condado county
conducir (*irreg.*) to lead
conectarse to connect; to plug in
conejo rabbit
conexión connection
confesar (ie) to confess
confianza trust, confidence; self-confidence
confirmar to confirm
conforme in agreement
confrontar to confront
confundir to confuse
conglomerado conglomerate
conmover (ue) to move, touch (*emotions*)

conocedor *adj.* knowing, expert

conocer (zc) to know, be acquainted with; to meet; dar (*irreg.*) a conocer to reveal; darse a conocer to make a name for oneself

conocido *n.* acquaintance; *adj.* well-known

conocimiento knowledge; *pl.* knowledge, learning

conquistar to conquer

consciente conscious, aware

consecuencia consequence; a consecuencia de due to, because of

conseguir (i, i) (g) to obtain, attain, get; conseguir + *inf.* to succeed in (*doing something*), manage to (*do something*)

consejería counseling

consejero advisor

consejos *pl.* advice

conserje *m.* janitor, concierge

conservador *adj.* conservative

conservar to preserve, maintain

considerar to consider

consiguiente: por consiguiente consequently

consistir en to consist of

constatar to verify, prove

construir (y) to constuct, form

consulta consultation

consultar to consult

consultor *m.* advisor

consultorio office

contacto contact; ponerse (*irreg.*) en contacto to get in touch

contar (ue) to tell

contemplar to contemplate

contemporáneo contemporary

contener (*like* tener) to contain; to hold back

contento happy; content

contestar to answer

contienda dispute

continuación: a continuación following, next

continuamente continuously

continuar to continue; continuar + *ger.* to keep (*doing something*)

contra against; contra viento y marea against all odds; de contra; en contra de against

contraer (*like* traer) matrimonio con to marry

contrario: al contrario on the contrary; al contrario de contrary to; por el contrario on the contrary; todo lo contrario the complete opposite

contratar to hire

contratiempo mishap, setback

contribuir (y) to contribute

convencer (z) to convince

convenir (*like* venir) to be convenient; to be advisable

converger (j) to converge

conversar to talk

convertir (ie, i) to convert; to change; to turn; convertirse en to turn into

coordenada *n.* coordinate

coordinador(a) coordinator

coquí *m.* frog (*Caribbean*)

corazón *m.* heart; ataque (*m.*) al corazón heart attack

corbata necktie

coreografía choreography

corona garland

corporal *adj.* corporal, body

corregir (i, i) (j) to correct

correo mail

correr to run

corresponder to correspond

correspondiente corresponding

corriente *n. f.* current; común y corriente *adj.* everyday, common

cortar to cut

corte *f.* court

corto short

cosa thing; matter

costa coast

costar (ue) to cost; costar + *inf.* to be difficult to (*do something*)

costear to pay for

costo cost

costoso expensive

costumbre *f.* custom

costura sewing

**cotidiano** *adj.* daily
**cotorra** parrot
**creador** *m.* creator
**crear** to create
**crecer (zc)** to grow; to increase; to grow up
**creciente** growing
**creer (y)** to think; to believe
**creyente** *m., f.* believer
**criar** to raise, bring up (*children*)
**criollo** *adj.* native
**crítica** criticism; critique
**criticar (qu)** to criticize
**crónica** chronicle, history
**cruce** *m.* crossroad
**crudo** harsh
**cruzar (c)** to cross
**cuadra** block
**cuadro** painting
**cual** which; who; **cada cual** each one; **tal cual** the same as
**cualidad** quality
**cualquier(a)** any; anyone
**cuando: de vez en cuando** from time to time
**cuanto** *adv.* how much; **en cuanto a** as for, in regard to
**cuarto** room
**cubo** bucket
**cubrir** to cover
**cucaracha** cockroach
**cuchillo** knife
**Cuco** Bogeyman
**cuello** neck
**cuenta** account; bill; **a fin de cuentas** after all; **en resumidas cuentas** in short; **darse** (*irreg.*) **cuenta (de)** to realize; **tener** (*irreg.*) **en cuenta** to keep in mind
**cuento** story
**cuerda** string
**cuerpo** body
**cuestión** question, matter
**cuestionar** to question
**cuidadosamente** carefully
**cuidar** to look after, take care of
**culinario** culinary
**culpable** guilty

**cultivar** to cultivate
**cumbre** *f.* top; pinnacle
**cumplir** to fulfill; to reach (*years of age*); to carry out; **cumplir con** to fulfill; to keep
**cuneta** ditch
**curiosidad** curiosity
**cursi** affected; tacky
**curso** course; direction
**cúspide** *f.* peak
**custodia** custody
**cuyo** whose

**D**
**dado que** *conj.* since, given that
**danza** dance
**daño** harm; **hacer** (*irreg.*) **daño** to harm
**dar** (*irreg.*) to give; **dar a conocer** to reveal; **dar cólera** to annoy, anger; **dar forma a** to shape, form; **dar las gracias** to thank; **dar luz a** to illuminate; to give birth to; **dar media vuelta** to turn halfway around; **dar miedo** to frighten; **dar un paseo** to take a walk; **dar paso a** to give way to; **dar un paso** to take a step; **darle la razón (a alguien)** to agree with, side with (someone); **darle vuelta a (algo)** to turn (something) over; **darse a conocer** to make a name for oneself; **darse cuenta (de)** to realize; **darse el lujo de** to give oneself the pleasure of; **darse por vencido** to give up
**debajo de** under, underneath, below
**deber** *n. m.* duty, responsibility
**deber** *v.* must, should, ought; to owe
**debido a** due to
**decidir** to decide
**decir** (*irreg.*) to say; to tell; **oír** (*irreg.*) **decir** to hear (it) said; **querer** (*irreg.*) **decir** to mean
**decisión** decision; **tomar una decisión** to make a decision
**declamador(a)** orator, reciter
**declarar** to declare

**dedicar (qu)** to dedicate
**dedo anular** ring finger
**defender (ie)** to defend
**defensor** *n. m.* defender; *adj.* defending
**definir** to define
**dejar** to let, allow; to leave (*something*); **dejar de** + *inf.* to stop (*doing something*); **dejarse** + *inf.* to let/allow oneself (*to be/do something*)
**delante de** in front of; **por delante** in front
**deleitarse con/en** + *inf.* to enjoy (*doing something*)
**delgado** thin
**deliberar** to deliberate
**demás: lo/los demás** *n.* the others; the rest; *adj.* other, rest of the
**demasiado** *adv.* too; *adj.* too much/many
**demorar** to delay
**demostrar (ue)** to show; to prove
**denominar** to name, indicate
**denotar** to indicate
**dentro** inside, within, in; **dentro de** inside; **dentro de poco** in a little while; **por dentro** inside
**depender de** to depend on
**deporte** *m.* sport
**depositar** to put, place
**deprimido** depressed
**derecha** *adv.* right (*direction*)
**derecho** *n.* right (*legal*); law
**derivar** to derive; to lead
**derroche** *m.* waste, squandering
**derrumbarse** to fall, collapse
**desacuerdo** disagreement
**desafío** challenge
**desafortunadamente** unfortunately
**desalentar (ie)** to discourage
**desalojarse de** to leave; to distance oneself
**desamparo** abandonment, neglect; helplessness
**desaparecer (zc)** to disappear
**desapruebo** disapproval
**desarrollar** to develop

**desarrollo** development, growth
**desastre** *m.* disaster
**desastroso** disastrous
**desayuno** breakfast
**desbocadamente** unrestrainedly
**descansar** to rest
**descanso** rest
**descarrilado** gone astray
**descender (ie) de** to descend from
**descendiente** *m., f.* descendant
**descifrar** to decipher
**desconcierto** confusion, bewilderment
**desconocer (zc)** not to know; to be ignorant of
**desconocido** unknown; unrecognizable
**descorazonar** to dishearten
**describir** to describe
**descubrimiento** discovery
**descubrir** (*p.p.* **descubierto**) to discover
**desde** from; since; **desde entonces** from that time on, since then; **desde hace** + *period of time* for *period of time*); **desde luego** of course; **desde que** *conj.* since; as soon as
**desear** to wish, want
**desembarcar (qu)** to disembark
**desempeñar** to play (*a role*); to fulfill, carry out
**desempeño** fulfillment, performance
**desempolvar** to remove dust from
**desenrollar** to unroll
**deseo** wish, desire
**desesperación** desperation
**desesperado** desperate
**desfilar** to parade by; to file by
**desfile** *m.* parade
**desgarrado** torn up
**desgracia** misfortune; **por desgracia** unfortunately
**desgranar** to become unstrung
**deshacer** (*like* **hacer**) to undo; **deshacerse** to fall to pieces
**desilusión** disappointment
**desilusionado** disappointed
**deslizarse (c)** to slip away; to slip out

desnudo naked
despachar to send off
desparpajo ease, confidence
despecho: a despecho de in spite of
despedida farewell, parting
despedir (i, i) to fire; despedirse (de) to say good-bye (to)
desperdiciar to waste, squander
despertar (ie) to awaken, arouse; despertarse to wake up
despierto awake
desplazado displaced
desplazarse (c) to move (*from one place to another*), travel
desplegar (ie) (gu) to unfurl
desplomarse to collapse
despojarse de to relinquish, forsake
déspota *m.* despot
desprender to be deduced
despúes *adv.* after, afterward; later; then; después de *prep.* after
despuntar to come out
destacado outstanding
destacarse (qu) to stand out; to be outstanding
destapado uncovered
destello *n.* twinkle
desteñido faded
destierro exile, banishment
destreza skill
destruir (y) to destroy
desvanecerse (zc) to disappear, vanish
desvelar to keep awake
desviarse de to deviate from
detalladamente in detail
detalle *m.* detail
detener (*like* tener) to stop
determinar to determine
detrás de behind; por detrás behind
devastador devastating, destructive
devolver (ue) to return (*something*)
devorar to devour
día *m.* day; al otro día the next day; algún día someday; hoy (en) día nowadays; ponerse (*irreg.*) al día to bring oneself up-to-date
diablo devil
diabólicamente diabolically

diagnosticar (qu) to diagnose
diagnóstico *n.* diagnosis
dialogar (gu) to converse, talk
diálogo dialogue
diario *n.* diary; *adj.* daily
diáspora dispersion
dibujar to draw
dibujo drawing
diccionario dictionary
dicharacho slang, idiomatic expressions
dichoso happy; fortunate
dictar to pronounce
diferenciar to differentiate, distinguish; diferenciarse to be different
diferir (ie, i) to differ
difícil difficult
dificultad difficulty
digno worthy
diluvio flood
dinámico *adj.* dynamic
dinero money
Dios *m.* God
dirección address; direction
dirigir (j) to direct; dirigirse a to make one's way to, go to
disco record
discordia discord
discurso speech
discutir to discuss
diseñador(a) designer
diseñar to outline
diseño design
disfrazado disguised
disfrutar to enjoy
disgustar to dislike
disminuir (y) to diminish
disponer (*like* poner) de to have available; disponerse to get ready
dispuesto: estar (*irreg.*) dispuesto a to be ready/prepared to
distinguir (g) to distinguish
distinto different, distinct
distraerse (*like* traer) to amuse oneself
diversión entertainment, amusement
divertido fun, amusing
divertirse (ie, i) to amuse oneself

**dividir** to divide
**doblado** folded in half
**doble** *adj.* dual
**docencia** *n.* teaching
**doctorarse** to receive a doctorate
**documentar** to document
**dólar** *m.* dollar
**doler (ue)** to hurt
**dolor** *m.* pain
**doloroso** painful
**doméstico** domestic; pertaining to the household; **agresión doméstica** domestic violence
**dominar** to dominate, master (*language*)
**don** *m.* talent
**doña** *title of respect used before a woman's first name*
**dormido** asleep; **quedarse dormido** to fall asleep
**dormir (ue, u)** to sleep
**dos: en un dos por tres** in a jiffy, in no time at all
**droga** drug
**duda** doubt; **no cabe duda** there's no doubt; **sin duda** undoubtedly
**dudar** to doubt
**dueño** owner
**dulce** *adj.* sweet
**dulces** *n. m. pl.* sweets
**duramente** harshly
**durante** during
**durar** to last
**duro** *adj.* hard, difficult; *adv.* hard

**E**
**echar** to throw; to deal (*cards*); to drink; **echar raíces** to put down roots; **echar a** + *inf.* to begin (*doing something*)
**económicamente** financially; cheaply, inexpensively
**edad** age
**edificio** building
**educativo** educational
**efusivamente** effusively, warmly
**egoísta** selfish
**ejecución** performance
**ejemplo** example

**ejercer (z)** to practice (*a profession*); to put into practice
**ejercicio** exercise
**ejército** army
**elaborar** to elaborate
**elección** election; choice
**electo** elected
**electrónica** *n.* electronics; *adj.* electronic
**elegir (i, i) (j)** to choose
**elemental** elementary
**embajada** embassy
**embarazada** pregnant
**embarazo** pregnancy
**embargo: sin embargo** however, nevertheless
**embutir** to stuff
**emerger (j)** to emerge
**emigrar** to emigrate
**empacado** packed
**empanada** turnover, pie, or pastry
**empastar** to bind (*book*)
**empecinado** obstinate, stubborn; determined; **empecinado a** + *inf.* obstinate about (*doing something*)
**empeño** determination; **casa de empeño** pawnshop
**empezar (ie) (c)** to begin
**empleado** *n.* employee
**emplear** to employ; to use
**empleo** job; employment
**emprender** to begin, undertake
**empujado** pushed
**emular** to emulate
**enamorado** in love
**enamorarse** to fall in love
**encabezar (c)** to head
**encajar** to fit in
**encantador** captivating
**encantar** to delight, charm, fascinate
**encanto** spell (*bewitchment*)
**encarcelar** to imprison
**encarecidamente** earnestly
**encargarse (gu) de** to be responsible for
**encarnar** to embody, personify
**encarrilarse** to put onself back on track
**encender (ie)** to turn on (*a light*); to light, ignite

**encerrarse (ie)** to shut oneself up, go into seclusion
**encima de** on; on top of
**encontrar (ue)** to find, come across; to meet, encounter
**encopetado** arrogant
**encuentro** meeting; encounter
**ende: por ende** therefore
**endemoniado** fiendish
**energía** energy
**enérgico** energetic
**enfermarse** to get sick
**enfermería** nursing (*career*)
**enfermo** sick
**enfocar (qu)** to focus
**enfrentar** to confront, face; **enfrentarse** to meet, come face to face
**enfrente** in front, opposite; **de enfrente** in front; **enfrente de** in front of
**engañar** to fool
**enlazar (c)** to connect
**enloquecido** crazy
**enmudecer (zc)** to be silent
**enormidad** enormity
**enriquecedor** enriching
**enriquecer (zc)** to enrich; **enriquecerse** to prosper; to be enriched
**enriquecimiento** enrichment
**enrojecido** blushing
**ensayar** to rehearse
**ensayo** rehearsal; essay
**enseguida** at once
**enseñanza** teaching
**enseñar** to teach; to show
**entender (ie)** to understand; to hear; **no entender ni pío** to not understand a word
**entendimiento** understanding
**enterarse** to find out
**entero** entire, whole
**enterrar (ie)** to bury
**entonces** then, next; **desde entonces** from that time on, since then; **en ese/aquel entonces** at that time
**entrada** entrance
**entrañablemente** intimately
**entrar** to enter, go in; to begin

**entre** between, among
**entregado** resigned (*to fate*)
**entregar (gu)** to hand in/over; to deliver
**entrelace** *m.* interweaving
**entrelazado** interwoven
**entrenamiento** training
**entrenar** to train
**entretener** (*like* **tener**) to entertain
**entrevista** interview
**entrevistar** to interview
**entristecer (zc)** to sadden; **entristecerse** to become sad
**entusiasmado** enthusiastic
**enviar** to send
**envolver (ue)** to cover
**época** era, age, time
**equilibrado** balanced
**equilibrio** equilibrium, balance
**equinoccio** equinox
**equipaje** *m.* luggage
**equipo** team
**equivalencia** equivalency
**equivaler** (*like* **valer**) to be equivalent to
**equivocado** wrong, incorrect
**equivocarse (qu)** to be mistaken
**escalar** to climb
**escandalosamente** shockingly
**escapar** to escape
**escasez** *f.* shortage
**escaso** meager
**escena** scene
**escenario** stage
**escenografía** scenography, set design
**escenográfico** scenographic
**escenógrafo/a** scenographer, set designer
**esclavo/a** slave
**escoger (j)** to choose
**escolar** *adj.* school
**esconder** to hide
**escondido: a escondidas** secretly
**escopeta** shotgun, rifle
**escribir** (*p.p.* **escrito**) to write, write down
**escrito: por escrito** in writing
**escritor(a)** writer

**escritorio** desk
**escritura** writing
**escuchar** to listen (to)
**escuela** school; **escuela secundaria**
high school
**esculpir** to sculpt
**escultura** sculpture
**esforzarse (ue) (c)** to make an effort;
**esforzarse por** + *inf.* to strive to
(*do something*)
**esfuerzo** effort
**eso: por eso** therefore
**espacio** space
**espadachín** *m.* savior, defender
**espagueti** *m.* spaghetti
**especializarse (c)** to specialize, major
**especie** *f.* type
**espectáculo** show, performance
**espejo** mirror
**espera** wait, waiting
**esperanza** hope
**esperar** to wait for; to await; to hope;
to expect
**espina** thorn, thistle
**espíritu** *m.* spirit; soul
**esplendoroso** radiant, magnificent
**esposo/a** spouse
**espuma de caucho** foam rubber
**esquina** corner
**estabilidad** stability
**estable** *adj.* stable
**establecer (zc)** to establish
**estación** station
**estadía** stay
**estadísticas** *pl.* statistics
**estado** state; **estado de ánimo** mood,
frame of mind; **Estados Unidos**
United States
**estadounidense** *n. m., f.* United States
citizen; *adj.* United States
**estándard** *m.* standard
**estante** *m.* shelf
**estar** (*irreg.*) to be; **claro está** of
course; **estar a punto de** + *inf.* to
be about to (*do something*); **estar de
acuerdo** to agree
**estatal** *adj.* state
**estilo** style

**estipendio** stipend
**estómago** stomach
**estrategia** strategy
**estrecho** narrow; tight
**estrella** star
**estremecer (zc)** to make tremble;
**estremecerse** to tremble
**estremecido** shocked
**estrenar** to wear for the first time
**estructurar** to construct, organize
**estrujado** crushed
**estudiar** to study
**estudio** study
**etapa** period, stage
**etimología** etymology
**etnia** ethnic group
**étnico** ethnic
**evadir** to dodge, avoid
**evidenciarse** to be made evident
**evitar** to avoid
**evocador** evocative
**evocar (qu)** to evoke
**evolucionar** to evolve
**exagerado** exaggerated
**examen** *m.* examination; test
**examinar** to examine; to question
**excitación** excitement
**exclamar** exclaim
**exhibir** to exhibit, display
**exigencia** requirement
**exigir (j)** to demand
**exiguo** scanty
**exiliado** exile, expatriate, refugee
**exilio** exile
**existir** to exist
**éxito** success; **tener** (*irreg.*) **éxito** to be
successful
**exitoso** successful
**éxodo** exodus, emigration
**expandirse** to expand
**expectativa** expectation
**experimentar** to experience
**explicación** explanation
**explicar (qu)** to explain
**explorar** to explore
**exponer** (*like* **poner**) to show, exhibit
**exportar** to export
**exposición** exhibition

**expresar** to express
**expulsado** expelled
**extendido** widespread
**extenso** vast, wide
**extranjero** *n.* foreigner; *adj.* foreign
**extrañar** to miss
**extraño** *n.* stranger; *adj.* strange
**extremadamente** extremely
**extremadura** *sing.* extremes
**extrovertido** *adj.* extroverted, outgoing

**F**
**fabada** *Spanish dish consisting of beans and bacon*
**fábrica** factory
**fabricar (qu)** to fabricate, invent
**fácil** easy
**facilidad** ease, facility
**facilitar** to facilitate
**facultad** gift, ability
**fallar** to fail
**fallecer (zc)** to die
**fallido** failed
**falta** lack; **hacer** (*irreg.*) **falta** to need
**faltar** to be lacking; **faltarle a uno** to need
**familia** family
**familiar** *n.* relative; intimate friend; *adj.* familiar; domestic
**fantasma** *m.* ghost
**farmacéutico/a** pharmacist
**fascinante** fascinating
**fascinar** to fascinate
**favor** *m.* favor; **a favor de** in favor of; **favor de** + *inf.* please (*do something*)
**fe** *f.* faith; trust
**fecha** date; **hasta la fecha** to date, till now; **para esas fechas** by that time
**felicidad** happiness
**felicitar** to congratulate
**feliz** happy
**feo** unattractive
**ferviente** fervent, ardent
**festividad** celebration, holiday
**fibra** fiber
**fidelidad** fidelity
**fiel** faithful, loyal
**fiesta** party

**fijarse en** to pay attention to, notice
**fila** line
**filial** *f.* branch office, subsidiary
**fin** end; goal; **a fin de cuentas** after all; **a fin de que** in order that; **al fin y al cabo** after all; **en fin** finally; **por fin** finally
**final** *n. m.* end, ending; *adj.* final
**firma** *n.* signature; firm, company
**firme** *adj.* firm, stable; steadfast, resolute
**fiscal** *m.* treasurer; district attorney
**fisonomía** features, physiognomy
**flaco** skinny
**flamante** brand-new
**flecha** arrow
**flechazo** arrow shot
**flor** *f.* flower
**floreado** decorated with flowers
**florecer (zc)** to blossom
**flote: a flote** afloat
**fluidez** *f.* fluency
**flujo** flux
**fofo** soft
**folleto** brochure
**fomentar** to encourage, promote
**fondo** back; bottom
**fonológico** phonological
**foráneo** alien, foreign
**forjar** to forge, shape
**forma** form; way, manner; **dar** (*irreg.*) **forma a** to shape, form; **de tal forma** in such a way; **de todas formas** in any case
**formar** to form; to shape; **formar parte de** to take part in
**formulario** questionnaire, form
**fortaleza** strength
**forzar (ue) (c)** to force
**foto** *f.* photo(graph)
**fotógrafo/a** photographer
**fracasar** to fail
**fracaso** failure
**francés, francesa** *n., adj.* French person; French
**frase** *f.* phrase; sentence
**frecuencia** frequency; **con frecuencia** frequently

**freno** brake
**frente a** facing, opposite
**fresco** cool
**frijol** *m.* bean
**frío** *n., adj.* cold
**frito** fried
**frontera** border
**fronterizo** *adj.* border
**frustrar** to frustrate
**fuego** fire
**fuente** *f.* source; fountain
**fuera** outside (of); **fuera de** outside
(of); **fuera de lugar** out of place
**fuerte** strong
**fuertemente** hard
**fuerza** force; strength; power
**funcionar** to work, function
**fundar** to found
**fútbol** *m.* soccer
**futuro** *n., adj.* future

**G**
**gallego** *n.* Galician
**galleta** cookie
**gallina** hen, chicken
**gallo** rooster
**gama** gamut, range
**ganancias** *pl.* earnings, income
**ganar** to earn; to win; to beat; **ganarse
la vida** to earn a living
**ganas** *pl.* desire, wish
**gancho** hook
**garabato** scribble
**garaje** *m.* garage
**garantizar (c)** to guarantee
**gastado** worn out
**gastar** to spend
**gasto** expense
**gato** cat
**general: por lo general** generally
**generar** to generate
**género** type, sort
**generoso** generous
**gente** *f.* people
**gentil** kind
**gestión** arrangement
**gestionar** to arrange for
**gesto** gesture

**gigantesco** gigantic
**girar** to turn
**gitano/a** gypsy
**gobernador(a)** governor
**gobierno** government
**golpe** *m.* blow; **de golpe** suddenly
**golpear** to hit, strike
**gordo** fat
**gozar (c)** to enjoy
**grabar** to record
**gracias a** thanks to; **dar** (*irreg.*) **las
gracias** to thank
**grado** degree; grade
**graduado** *adj.* graduate
**graduarse** to graduate
**gramática** grammar
**gran, grande** great; big
**granja** farm
**gratis** free (*of charge*)
**gregario** friendly, gregarious
**griego/a** *n.* Greek
**gris** gray
**gritar** to shout, yell
**grito** cry, scream
**guagua** bus
**guajira** *Caribbean folk song*
**guapo** good-looking
**guardar** to keep; to save
**gubernamental** governmental
**guerra** war
**guía** directory; guide
**guiador** guiding
**guiar** to guide
**guión** *m.* script
**güiro** *percussion instrument made from a
dried gourd*
**guitarrista** *m., f.* guitar player
**gusano** worm
**gustarle a uno** to like; to be pleasing
(*to one*)
**gusto** pleasure; **a gusto** comfortable;
**tomar el gusto a** to take a liking to

**H**
**haber** (*irreg.*) to have (*auxiliary*); to be
(*inf. of* **hay**); **hay que** + *inf.* to be
necessary to (*do something*)
**habichuela** bean

**habilidad** ability
**hábilmente** ably, skillfully
**habitación** room; bedroom
**habitante** *m., f.* inhabitant
**habitar** to inhabit; to live in; to live,
  dwell
**hablar** to talk, speak
**hacedor(a)** maker
**hacer** (*irreg.*) to do; to make; **desde
  hace** + *period of time* for (*period of
  time*); **hace** + *period of time* (*time
  period*) ago; **hacer daño** to harm;
  **hacer falta** to need; **hacer la
  solicitud** to apply; **hacer
  preguntas** to ask questions;
  **hacerse** to become; **hacerse polvo**
  to be shattered
**hacia** toward
**hallar** to find
**hambre** *f.* (*but* **el hambre**) hunger;
  **tener** (*irreg.*) **hambre** to be hungry
**hambriento** hungry
**hamburguesa** hamburger
**harapo** rag
**hasta** *prep.* until; up to; as far as; *adv.*
  even; **hasta la fecha** to date, till
  now; **hasta que** *conj.* until
**hecho** *n.* fact; action; event; **de hecho**
  in fact
**hegemonía** hegemony, supremacy (*of
  a state or people over another*)
**heredado** inherited
**heredero/a** inheritor
**herencia** inheritance; heritage
**hermoso** beautiful
**híbrido** *adj.* hybrid
**hielería** ice factory
**hielo** ice
**hilo** thread
**hilvanar** to put together
**hispanohablante** *m., f.* Spanish
  speaker; *adj.* Spanish-speaking
**hogar** *m.* home
**hoja** sheet (*of paper*); leaf
**hojear** to leaf through
**hondo** *adv.* deeply
**honrado** honest
**hora** hour; time

**horario** schedule
**horizonte** *m.* horizon
**hormigón** *m.* concrete
**hornear** to bake
**horroroso** horrible
**hospedarse** to lodge, stay
**hoy** today; **hoy (en) día** nowadays
**huelga** strike
**humedad** humidity
**humedecido** dampened
**humilde** humble
**humillación** humiliation
**humillar** to humble; to humiliate
**humo** smoke
**humor** *m.* mood; humor
**huracanado** hurricane-like

**I**
**ibérico** Iberian
**ida: de ida y vuelta** round-trip
**identificar (qu)** to identify
**idioma** *m.* language
**iglesia** church
**ignoto** unknown, undiscovered
**igual** same; **al igual que** just as, like;
  **igual que** the same as
**igualmente** equally
**ileso** uninjured
**imagen** *f.* image; picture
**imaginar** to imagine, suppose
**imitar** to imitate
**impacientarse** to become impatient
**impactar** to have an impact on
**impartir** to impart; to give (*classes*)
**impedir (i, i)** to impede, hinder; to
  prevent
**imperdurable** unbreakable, long-
  lasting
**imperioso** urgent
**implicar (qu)** to imply, mean
**imponer** (*like* **poner**) to impose
**importar** to matter, be important;
  **importarle (a alguien) un pepino**
  not to matter at all
**impresionar** to impress
**impreso** printed
**impulsar** to impel, drive
**inadecuación** inadequacy

inagotable inexhaustible
inasible ungraspable
incapacitar to incapacitate
incertidumbre *f.* uncertainty, doubt
inclemente severe
incluir (y) to include
inclusive *adv.* even
incluso even; including
incógnita *n.* unknown quantity
incómodo uncomfortable
inconsciente unconscious
incorporar to incorporate;
    incorporarse to join
increíble incredible
inculcar (qu) to implant, instill
indefinido indefinite
indicar (qu) to indicate
indígena *adj.* indigenous, native
indudable certain
inefable ineffable, inexpressible
ineludible unavoidable
inesperado unexpected
inestimable invaluable
influir (y) to influence, have an
    influence on
influyente influential
informar to inform
informe *m.* report
ingeniero/a engineer
ingenuo naive
ingresar to join (*army*)
ingreso entrance
iniciador *m.* initiator
iniciar to start
inigualable unequaled
injusto unfair
inmigrar to immigrate
inmueble *m.* building
inolvidable unforgettable
inquietud uneasiness; restlessness
inscribirse to enroll
inseguridad insecurity
insertarse to break into (*a line*)
insípido insipid, dull
insistir to insist
insólito unusual
insoportable intolerable, unbearable
inspirar to inspire

instante *m.* instant, moment
instar to urge
instituir (y) to establish
instruir (y) to instruct
insulso tasteless
integrante *m.* member
integrar to integrate
intentar to try
intercambiar to exchange
intercambio exchange
interés *m.* interest
interesante interesting
interesar to interest; interesarse en to
    be interested in, take an interest in
interior: ropa interior underclothes
internado confined
interponer (*like* poner) to interpose; to
    place
interpretar to interpret
intérprete *m., f.* interpreter
intervenir (*like* venir) to participate; to
    intervene
íntimo close; intimate
intranquilizar (c) to make uneasy,
    worry
intuir (y) to sense
inútil useless
invadir to invade
inventar to invent
inventario inventory
investigador(a) researcher
investigar (gu) to do research on; to
    investigate
invierno winter
invitar to invite
involucrarse to get involved
ir (*irreg.*) to go; ir + *ger.* to be (*doing
    something*); ir a + *inf.* to be going
    to (*do something*); irse to leave, go
    away
iris *m.*: arco iris rainbow
irlandés, irlandesa *n.* Irish person
irreal unreal
irremediablemente hopelessly
irrepetible unrepeatable
irrumpir to invade; to burst in
isla island
izquierda *adv.* left

**J**

**jamás** never
**Japón** *m.* Japan
**jaquemate** *m.* checkmate
**jarana** revelry
**jardín** *m.* garden
**jardinero/a** gardener
**Jauja** Utopia
**jaula** cage
**jefe/a** boss
**jerarquía** hierarchy
**jeringonza** secret language
**jíbaro/a** peasant
**joven** *n. m., f.* young person; *adj.*
   young
**joyas** *pl.* jewelry
**júbilo** joy
**judía** bean
**judío/a** Jewish person
**juego** game
**juez(a)** judge
**jugar (ue) (gu)** to play
**jugo** juice
**juguete** *m.* toy
**jugueteo** playing
**juicio** trial
**junta** council; board
**juntar** to assemble; **juntarse** to meet,
   gather
**junto a** *adv.* near, next to; **junto con**
   along with, together with
**juntos** *adj. pl.* together
**jurado** *n.* jury
**jurar** to swear
**justo** *adj.* right; *adv.* exactly, right, just
**juventud** youth
**juzgar (gu)** to judge

**L**

**laboral** *adj.* labor
**laborar** to work
**lado** side; **al lado de** next to; **por otro**
   **lado** on the other hand; **por un**
   **lado** on the one hand
**ladrón** *m.* thief
**lágrima** tear
**lamentarse** to mourn, lament
**lamento** sorrow

**lanzar (c)** to fling, cast; **lanzarse** to
   jump; to rush; to take the plunge
**lápiz** *m. pencil*
**largo** long; lengthy; **a la larga** in the
   long run, in the end; **a largo plazo**
   long-term; **a lo largo de**
   throughout the course of
**lástima** pity
**lastimar** to injure, hurt
**lata** can
**latido** beat
**latir** to beat
**latón** *m.* brass
**lazo** tie, bond
**lechón** *m.* pig; **lechón asado** roast
   suckling pig
**lector(a)** reader
**lectura** reading
**leer (y)** to read
**lejano** *adj.* far-off, distant
**lejos (de)** far, far away (from)
**lengua** language
**lenguaje** *m.* language
**lenteja** lentil
**lentes** *m. pl.* eyeglasses
**lento** slow
**león** *m.* lion
**letanía** litany
**letra** lyrics; letter
**letrero** sign
**levantar** to lift; **levantarse** to get up
**ley** *f.* law
**libertad** freedom
**libra** pound
**libre** free; vacant
**libro** book
**licenciado/a** lawyer
**licenciatura** degree (*school*)
**licuadora** blender
**limitar** to limit
**limonada** lemonade
**limpiador(a)** *n.* cleaner
**limpiar** to clean
**limpieza** cleaning
**limpio** clean
**lindo** pretty
**línea** line; boundary
**lino** linen

**listo** ready; smart

**liviano** light; changeable

**llama** flame

**llamada** *n.* call; *adj.* so-called

**llamar** to call; **llamar la atención** to attract attention; **llamarse** to be named, be called

**llanto** weeping, crying

**llegada** *n.* arrival

**llegado: recién llegado** newcomer

**llegar (gu)** to arrive, reach, get, come; **llegar a** + *inf.* to manage, get to (*do something*); **llegar a ser** to become

**llenar** to fill

**lleno** full; **de lleno** fully, completely

**llevar** to bring; to carry; to wear; to take; to have spent (*amount of time*); **llevarse** to take with one; **llevarse (bien)** to get along (well)

**llorar** to cry

**lluvia** rain

**localizar (c)** to locate, find

**loco/a** *n.* crazy person; *adj.* crazy

**locura** insanity, madness

**lograr** to achieve, attain; **lograr** + *inf.* to manage to (*do something*)

**lucha** struggle

**luchador(a)** *n.* fighter

**luchar** to fight; to struggle

**lucir (zc)** to show, display

**luego** then, next; **desde luego** of course

**lugar** *m.* place; **en todo lugar** everywhere; **fuera de lugar** out of place; **tener** (*irreg.*) **lugar** to take place

**lujo** luxury; **darse** (*irreg.*) **el lujo de** to give oneself the pleasure of

**lujoso** luxurious

**lujuriante** luxuriant

**luminoso** bright, shiny

**luna de miel** honeymoon

**luz** *f.* light; **dar** (*irreg.*) **luz a** to give birth to

**M**

**machetazo** blow with a machete

**machista** *adj.* chauvinistic

**madera** wood

**madre** *m.* mother; **madre patria** motherland

**madrina** godmother

**madrugada** dawn

**madurez** *f.* maturity

**maduro** mature; ripe

**maestría** master's degree

**maestro/a** teacher

**magnífico** magnificent

**mahón** *m.* sturdy cotton fabric

**maja** lovely woman

**mal, malo** *n. m.* evil; *adv.* badly; *adj.* bad; **para colmo (de males)** to make things worse

**malabarismo** juggling

**maldecir** (*irreg.*) to curse

**maleta** suitcase

**malévolo** malevolent, evil

**maltrato** maltreatment

**mamá** mom

**mancha** spot

**mandar** to send; to order

**manejar** to handle; to manage, conduct; **manejarse** to get by

**manera** way, manner; **de manera que** so that; **de todas maneras** anyway, in any case

**manguera** hose

**manifestarse (ie)** to be evident, be manifested

**manifiesto** *adj.* manifest, obvious

**manilla** small handle

**maniobra** maneuver

**maniobrar** to maneuver

**mano** *f.* hand

**manojo** handful

**mantener** (*like* **tener**) to maintain, keep up; to keep; to support

**mañana** *n.* morning

**maquillaje** *m.* makeup

**máquina** machine; typewriter; **máquina de computación** adding machine

**maquinaria** machinery

**mar** *m., f.* sea

**maravilla** wonder, marvel

**maravilloso** marvelous

**marca** brand
**marcar (qu)** to mark
**marcharse de** to leave
**marea: contra viento y marea** against
   all odds
**marear** to make nauseous, dizzy
**margen** *m.*: **al margen de** at the edge of
**marido** husband
**más: nunca más** never again; **más allá
de** beyond
**masa** mass, group
**mata** bush, shrub
**matar** to kill
**mate** *m. popular Argentine drink, like tea*
**materia** (school) subject
**materializar (c)** to materialize
**materno** maternal
**matiz** *m.* shade, nuance
**matrícula** enrollment
**matriculación** enrollment
**matricularse** to enroll
**matrimonio** marriage, matrimony
**matriz** *adj.* main
**mayagüezano** from Mayagüez (*city in
   Puerto Rico*)
**mayor** *adj.* older, oldest; greater,
   greatest; larger, largest; **mayor
   parte** majority
**mayoría** majority
**mayormente** greatly
**mecánica** *n.* mechanics
**mecanografiado** typed
**mecanógrafo/a** typist
**mecer (z)** to rock (back and forth)
**mediano** *adj.* middle
**medianoche** *f.* midnight
**médico/a** *n.* doctor; *adj.* medical
**medida: a medida que** as, at the same
   time as
**medio** *n.* middle; *pl.* means; **en medio
de** in the middle of; **por medio de**
by means of
**medio** *adj.* half; half past (*with time*);
   middle; *adv.* half, partly; **dar
   (*irreg.*) media vuelta** to turn
   halfway around
**medir (i, i)** to measure; to gauge
**mejilla** cheek

**mejor** *adj., adv.* better; best
**mejorar** to improve
**membresía** membership
**memorizarse (c)** to memorize
**mencionar** to mention
**menor** *adj.* younger, youngest;
   smallest; slightest; lesser, least
**menos** less; least; except; **al menos** at
   least; **ni mucho menos** nor
   anything close to that; **por lo
   menos** at least
**mensaje** *m.* message
**mente** *f.* mind
**mentir (ie, i)** to lie
**mentira** lie
**mentoría** mentoring
**merecer (zc)** to deserve
**merienda** snack
**mes** *m.* month
**mesa** table
**meta** goal
**meter** to put; **a todo meter** at full
   blast; **meter la pata** to put one's
   foot (in one's mouth); **meterse** to
   enter
**metro** subway; meter
**mezcla** mixture
**mezclar** to mix
**miedo** fear; **dar** (*irreg.*) **miedo** to
   frighten; **tener** (*irreg.*) **miedo** to be
   afraid
**miel** *f.*: **luna de miel** honeymoon
**miembro** member
**mientras** while; **mientras tanto**
   meanwhile
**milagro** miracle
**mina** mine
**mínimo** *n.* minimum; *adj.* minimal
**minoría** minority
**mirada** *n.* look
**mirar** to look (at), watch, observe
**mirto** myrtle
**misa** Mass (*religious*)
**miseria** pittance, small amount
**mísero** miserable
**mismo** same; very; myself, yourself
   (*etc.*); **allí mismo** right there
**mitad** half

**mito** myth
**moda** fashion, style; **de moda** in style/fashion
**modalidad** way, manner
**modelar** to mold, shape
**modo** manner, way
**mojado** soaked
**mojito** *type of sauce used in Cuban cooking*
**mojo de ajo** *garnish of chopped parsley, onion, lemon, and garlic*
**molestar** to bother, annoy
**molestia** annoyance
**momento** moment, minute; **por momentos** at times
**moneda** coin
**monetario** financial
**montaña** mountain
**montar en** to ride (*bicycle*)
**montón** *m.* pile
**mordida** bite
**morir(se) (ue, u)** to die
**mosquitero** mosquito net
**mostrar (ue)** to show, display
**mover (ue)** to move
**movimiento** movement
**mudarse** to move (*from one place to another*)
**mudo** mute, silent
**muebles** *m. pl.* furniture
**muelle** *m.* dock, pier
**muerte** *f.* death
**muerto/a** *n.* dead person; *adj.* dead
**muestra** sample; demonstration
**mujer** *f.* woman; wife
**multiplicarse (qu)** to multiply
**mundial** *adj.* world
**muñeca** doll; wrist
**muro** wall
**músico** *n.* musician
**mutuo** mutual

**N**
**nacer (zc)** to be born
**nacimiento** birth
**nada** nothing, (not) anything; not at all
**nadador** *adj.* swimming
**nadie** no one, (not) anyone

**naranja** orange
**nariz** *f.* nose
**narrador(a)** narrator
**natal** *adj.* natal, pertaining to birth; native
**naturaleza** nature; temperament, character
**nave** *f.* ship
**navegar (gu)** to go around; to navigate
**Navidad** Christmas
**necesitar** to need
**negar (ie) (gu)** to deny
**negocio** business; deal, transaction
**negro** black
**neoyorquino/a** New Yorker; *adj.* New York
**nervio** nerve
**nerviosismo** nervousness
**nervioso** nervous
**nevada** snowfall
**nevar (ie)** to snow
**ni** nor; not even; **ni mucho menos** nor anything close to that; **ni... ni** neither . . . nor; **ni siquiera** not even
**nicho** niche
**nido** nest
**nieto/a** grandson/granddaughter
**nieve** *f.* snow
**ningún, ninguno** *adj.* not any; no; *pron.* none; neither
**niñez** *f.* childhood
**niño: de niño** as a child
**nivel** *m.* level
**noche** *f.* night; **de noche** at night
**nombrar** to name
**nombre** *m.* name
**nordeste** *m.* northeast
**norte** *m.* north
**nostalgia** homesickness; nostalgia
**nota** note; grade
**notar** to note, notice, observe
**noticia** *sing., pl.* news
**novedad** novelty
**novedoso** novel, new
**novia** bride; fiancée; girlfriend
**novio** groom; fiancé; boyfriend

**nublado** cloudy
**nuevamente** recently; again
**nuevo** new; **de nuevo** again
**nulo** nil, nonexistent
**número** number
**nunca** never, not ever; **nunca más** never again

**O**
**obedecer (zc)** to obey
**oblicuo** slanting
**obligar (gu)** to obligate, force
**obra** work
**obrero** *n.* worker; *adj.* working
**observar** to observe
**obstáculo** obstacle
**obstante: no obstante** nevertheless
**obtener** (*like* **tener**) to obtain
**obvio** obvious
**ocultar** to hide
**ocupado** busy
**ocupar** to occupy
**ocurrir** to occur, happen; **ocurrírsele (a alguien)** to occur (to someone)
**odiar** to hate
**odioso** hateful, odious
**odisea** odyssey, adventure
**oeste** *m.* west
**oferta** (special) offer
**oficina** office
**ofrecer (zc)** to offer
**oído** (inner) ear; **de oído** by ear
**oír** (*irreg.*) to hear; to listen to; **oír decir** to hear (it) said
**ojo** eye; **¡ojo!** *int.* careful!; **en un abrir y cerrar de los ojos** in the blink of an eye
**ola** wave (*ocean*)
**óleo** oil
**oler** (*irreg.*) to smell
**olor** *m.* smell, odor
**olvidar** to forget
**opinar** to think, have an opinion
**oportuno** suitable
**oprimente** oppressive
**oprimido** oppressed
**optar por** + *inf.* to opt/choose to (*do something*)

**opuesto** opposite
**oración** sentence
**oratoria** public speaking, speech (*class*)
**orden** *m.* (*chronological*) order; *f.* order (*command*)
**ordenar** to order
**orfanato** orphanage
**organizador(a)** *n.* organizer
**orgullo** pride
**orgulloso** proud
**orientar** to orient
**origen** *m.* origin, ancestry
**originario: ser** (*irreg.*) **originario de** to be a native of
**orilla** shore, bank; **a orillas de** on the banks of
**oriundo de** native of
**oro** gold; **de oro** golden
**osadía** audacity, daring
**oscuridad** darkness
**oscuro** dark
**otoño** autumn
**otorgar (gu)** to grant, give
**otro** other, another; **al otro día** the next day; **por otra parte** on the other hand; **por otro lado** on the other hand; **otra vez** again

**P**
**paciencia** patience
**paciente** *n., adj.* patient
**padecer (zc)** to suffer
**padre** *m.* father
**pagador(a)** payer
**pagar (gu)** to pay (for)
**página** page
**pago** payment
**país** *m.* country, nation
**paisaje** *m.* landscape
**palabra** word
**paladar** *m.* palate
**palimpsesto** palimpsest (*ancient document imperfectly erased and reused*)
**palma** palm tree
**palmera** *sweet pastry*
**palmífero** abounding in palms

**palo: no dejar las cosas medio palo** to not do things halfway

**pan** *m.* bread

**panadería** bakery

**panadero/a** baker

**pandillerismo** institution or existence of gangs

**pantalones** *m. pl.* pants

**pañal** *m.* diaper

**papa** potato

**papá** *m.* dad

**papel** *m.* paper; role

**papeleta** slip (*of paper*), ticket

**papi** *m.* daddy

**par** *m.* pair; one or two, a couple (*number*)

**para colmo (de males)** to make things worse; **para siempre** forever

**paracaidista** *m., f.* parachutist

**parada** stop

**paradisíaco** paradisiacal, heavenly

**paradójicamente** paradoxically

**paraíso** paradise

**paralizar (c)** to paralyze

**parar** to stop

**parecer (zc)** to seem, appear; **parecerse a** to look like; **al parecer** apparently

**parecido** similar

**pared** *f.* wall

**pareja** couple, pair

**pariente** *m.* relative

**parlante** *adj.* talking

**parque** *m.* park

**párrafo** paragraph

**parte** *f.* part; **formar parte de** to take part in; **mayor parte** majority; **por mi/su parte** as for me/him; **por otra parte** on the other hand; **por todas partes** everywhere

**participar** to participate

**particular** *adj.* particular; private

**partido: sacar (qu) el mejor partido** to make the best use of

**párvulo** small child

**pasado** *n.* past; *adj.* past; passed; last

**pasaje** *m.* fare; road; treatment

**pasajero/a** *n.* passenger

**pasar** to spend (*time*); to go; to happen; to pass; to cross; to elapse

**pasatiempo** hobby, pastime

**Pascua** Easter

**pase** *m.* pass, permit

**pasear(se)** to go for a walk

**paseo** walk; **dar** (*irreg.*) **un paseo** to take a walk

**pasillo** corridor

**paso** step; passing; **abrirse paso** to make one's way; **dar** (*irreg.*) **paso a** to give way to; **dar un paso** to take a step; **de paso** temporary

**pastelería** pastry shop

**pata: meter la pata** to stick one's foot (in one's mouth)

**pato** duck

**patria** country, native land; **madre patria** motherland

**paulatinamente** little by little, gradually

**pavimentado** paved

**paz** *f.* peace

**pecho** chest

**pedazo** piece

**pedir (i, i)** to ask for, request; **pedir prestado** to borrow

**pegar (gu)** to hit

**pelea** fight

**película** movie

**peligro** danger

**pelo** hair

**pena** pain, suffering; **a penas** hardly, barely; **valer la pena** to be worth (it)

**penoso** sad

**pensamiento** thought; idea

**pensar (ie)** to think; **pensar + *inf.*** to plan to (*do something*); **pensar en** to think about

**penuria** penury, want

**peón** *m.* pawn

**peor** *adj., adv.* worse, worst

**pepino: importarle (a alguien) un pepino** not to matter at all

**pequeño** small; little; **de pequeño** as a child

**percatarse** to notice

percibir to perceive, sense
perder (ie) to lose; to waste; perder
   de vista to lose sight of; perderse
   to get lost, lose oneself
pérdida loss
perdón *m.* forgiveness
perdonar to forgive
peregrinación pilgrimage, visit
peregrino/a traveler, visitor
perenne perpetual
perfil *m.* profile
periódico newspaper
perjudicar (qu) to harm
perjudicial harmful
perla pearl
permanecer (zc) to remain
permanencia residence
permiso permit; permission
permitir to permit, allow
perro dog
perseguir (i, i) (g) to pursue, chase
perseverar to persevere
persiana (Venetian) blind
persistir to persist
persona person
personaje *m.* character
persuadir to persuade
pertenecer (zc) to belong
perteneciente *adj.* belonging
pertenencia *n.* belonging
pesadilla nightmare
pesado heavy
pesar *m.* sorrow, grief; a pesar de in
   spite of
pescuezo neck
pésimo very bad
peso weight
petición request
picadillo hash; minced meat
pie *m.* foot
piedra rock, stone
piel *f.* skin
pierna leg
pieza piece
piloto/a pilot, navigator
pintar to paint
pintor(a) painter
pintura painting

pío: no entender ni pío not to
   understand a word
pisar to step (on)
piso floor; apartment
pista track, trail; runway
pizarra blackboard
plana: primera plana front page
   (*newspaper*)
planchar to iron
planear to plan
planeta *m.* planet
planificar (qu) to plan
planilla list
plantado planted
plata money; silver
plátano banana
plato dish
playa beach
plazo: a largo plazo long-term
plegaria prayer, supplication
pleno full
pluma (*ink*) pen; feather
población population
poblado populated
pobre *n. m., f.* poor person; *adj.* poor
pobreza destitution, poverty
poco *n.* little (bit); *adj. pl.* few; *adv.*
   little; not very; al poco tiempo de
   shortly after; dentro de poco in a
   little while; pocas veces seldom;
   poco a poco little by little
poder (*irreg.*) *v.* to be able; *n. m.*
   power
poderoso powerful
poemario collection of poems
poesía poetry
polaco *adj.* Polish
policía *f.* police force; *m.* policeman
política *n.* politics; *adj.* political
pollería poultry shop
pollo chicken
polvo: hacerse (*irreg.*) polvo to be
   shattered
polvoriento dusty
ponencia paper; report
poner (*irreg.*) to put, place; to write;
   poner atención to pay attention;
   ponerse to put on; ponerse a + *inf.*

to begin to (*do something*); **ponerse al día** to bring oneself up-to-date; **ponerse en contacto** to get in touch

**por: por adelantado** in advance; **por cierto** certainly; **por completo** completely; **por consiguiente** consequently; **por ende** therefore; **por eso** therefore; **por fin** finally; **por lo general** generally; **por lo menos** at least; **por lo pronto** for the present; **por lo tanto** therefore; **por medio de** by means of; **por mi/su parte** as for me/him; **por momentos** at times; **por otra parte** on the other hand; **por suerte** luckily; **por supuesto** of course; **por total** completely; **por último** finally; **por un lado** on the one hand

**porcentaje** *m.* percentage
**portal** *m.* porch; doorway
**portar** to bear, carry
**portavoz** *m.* spokesperson
**portentoso** portentous
**porvenir** *m.* future
**poseer (y)** to possess; to hold
**posible: lo antes posible** as soon as possible
**posponer** (*like* **poner**) to postpone
**postal: tarjeta postal** postcard
**posterior** subsequent
**postración** dejection
**postularse** to stand as a candidate; to apply
**potente** powerful
**práctica** *n.* training; practice
**practicar (qu)** to practice
**práctico** *adj.* practical
**precio** price
**precisar** to specify, determine
**preciso** precise; necessary
**predispuesto** inclined, predisposed
**preferir (ie, i)** to prefer
**prefijo** prefix
**pregunta** question; **hacer** (*irreg.*) **preguntas** to ask questions
**preguntar** to ask; **preguntarse** to wonder

**prejuicio** prejudice
**prelectura** prereading
**premio** prize
**prendado** captivated, charmed
**prendido** fastened
**prensa** press
**preocupación** worry, concern
**preocupar(se)** to worry
**preparar** to prepare; **prepararse** to get ready
**preparativos** *pl.* preparations
**presenciar** to witness, be present at
**presentar** to present; **presentarse** to show up
**presente** *n. m., adj.* present; **tener** (*irreg.*) **presente** to keep in mind
**presentir (ie, i)** to predict
**preservador** *m.* preserver
**presión** pressure
**presionado** pressured
**prestar** to lend; **pedir (i, i) prestado** to borrow; **prestar atención** to pay attention
**primavera** spring (*season*)
**primer, primero** first; **a primera vista** at first sight; **primera plana** front page (*newspaper*)
**primo/a** cousin
**principal** *adj.* main
**principiante** *m., f.* beginner
**principio** beginning; principle, idea; **a principios de** at the beginning of; **al principio** at/in the beginning
**privación** privation, want
**privar** to prohibit; to impede
**probar (ue)** to try; to test; to prove
**problemática** *sing.* problems, questions
**procedente de** coming from, originating from
**procurar** to try
**prodigioso** enormous
**producir** (*like* **conducir**) to produce
**profesionalizarse (c)** to become a professional
**profundidad** depth
**profundizar (c)** to deepen

profundo deep, profound
progresar to progress
prohibir to prohibit
prójimo/a fellow person, neighbor
promesa promise
prometer to promise
promover (ue) to foster, encourage
pronosticar (qu) to foretell
prontamente promptly
pronto soon; de pronto suddenly; por
    lo pronto for the present
pronunciado pronounced
propio own
propiedad property
proponer (*like* poner) to propose;
    proponerse to plan, intend
proporcionar to provide
propósito purpose
proteger (j) to protect
protestar to protest
provecho benefit
proveer (y) to provide
proveniente de originating from
provenir (*like* venir) de to come from
provocar (qu) to provoke
próximo next
proyectar to plan, design
proyecto project
prueba test
psicopedagógico *pertaining to the
    branch of psychology that deals with
    teaching*
publicar (qu) to publish
pueblerino of or from a small town
pueblo town; population, people
puente *m.* bridge
puerco pork
puerta door
puerto port
puesto *n.* position, job; puesto que
    *conj.* since
pulcro neat, tidy
pulgada inch
pulmón *m.*: a todo pulmón at the top
    of one's voice
punto point; desde ese punto en
    adelante from that point on; en
    punto exactly, on the dot; estar

(*irreg.*) a punto de + *inf.* to be
    about to (*do something*); punto de
    vista point of view

**Q**
quebrar (ie) break
quedar to remain, be left; to meet, get
    together; quedarse to stay, remain;
    to be left; quedarse con to keep;
    quedarse dormido to fall asleep
quehacer *m.* chore, work
quejarse to complain
quemar to burn
querer (*irreg.*) to want; to love; querer
    decir to mean
querido dear; beloved; loved
queso cheese
quitar to take away; quitarse to take
    off (*clothing*)
quizá(s) perhaps

**R**
radiador *m.* radiator
raído threadbare, worn out
raíz *f.* root; echar raíces to put down
    roots
rana frog
rápido fast
raramente rarely
raro strange; rare, uncommon
rascacielos *m.* skyscraper
rasgo trait; *pl.* (facial) features
rata rat
rato *n.* while, (*period of*) time
razón *f.* reason; motive, cause; darle
    (*irreg.*) la razón (a alguien) to
    agree with, side with (someone);
    tener (*irreg.*) razón to be right
real royal; real
realizar (c) to carry out, perform; to
    fulfill, accomplish
rebasar to exceed; to go beyond
rebeldía rebellion
rebujina random mix of things
recámara dressing room; bedroom
receta recipe
rechazar (c) to reject
rechazo rejection

**recibir** to receive
**recién** recently, newly; **recién casado**
  newlywed; **recién llegado**
  newcomer
**recitar** to recite
**reclamar** to reclaim; to complain
**reclutamiento** recruitment
**reclutar** to recruit
**recoger (j)** to pick up
**recomendar (ie)** to recommend
**recomenzar (ie) (c)** to begin again
**recompensa** compensation, reward
**reconfortante** comforting
**reconfortar** to comfort
**reconocer (zc)** to recognize; to
  examine; to know again
**reconocimiento** recognition
**reconstruir (y)** to rebuild
**recordar (ue)** to remember; to remind
**recorrer** to travel; to go through
**recorrido** trip, run
**recreo** recreation time, recess
**recuento** recounting
**recuerdo** memory, recollection
**recurrir** to revert, return; to appeal
**recurso** resort, recourse
**reducir** (*like* **conducir**) to reduce
**reemplazar (c)** to replace
**reescribir** to rewrite
**referente** reference, referent
**referirse (ie, i)** to refer
**reflejar** to reflect; to reveal
**reflejo** reflection
**reflexionar** to reflect, meditate
**refrán** *m.* saying, proverb
**refrigerador** *m.* refrigerator
**refugiado/a** *n.* refugee
**refugiarse** to take refuge
**refugio** refuge, shelter
**regalar** to give (*as a gift*)
**regalo** gift
**regañadientes: a regañadientes**
  reluctantly, grudgingly
**regañar** to scold
**regla** rule; **en regla** in order
**regocijar** to rejoice
**regocijo** joy
**regresar** to return

**reinar** to reign
**reingresar** to reenter
**reírse (i, i)** to laugh; **reírse a**
  **carcajadas** to laugh one's head off
**rejurar** to swear again
**relación** relation, relationship;
  connection
**relacionarse** to be related; to make
  connections
**relámpago** flash of lightning
**relatar** to relate, tell
**relato** report, account; story
**reloj** *m.* clock
**remedio: no tener** (*irreg.*) **más**
  **remedio** to have no
  option/alternative
**remite** *m.* return address
**remuneración** recompense, pay
**rencor** *m.* rancor, animosity
**rendido** exhausted
**renuente** reluctant
**renunciar** to give up; to resign from
**repartidor** *adj.* delivery (*truck*)
**repentinamente** suddenly
**repentino** sudden
**repetir (i, i)** to repeat
**repleto** full
**reportaje** *m.* article, report
**reportar(se)** to report
**representar** to represent
**reprimido** repressed
**reproducir** (*like* **conducir**) to
  reproduce
**requerir (ie, i)** to require
**requisito** requirement
**rescoldo** small remembrance
**residir** to reside, live
**resignarse** to resign oneself
**resolver (ue)** to resolve; to solve
**respecto: al respecto** about the matter;
  **con respecto a** with respect/
  regard to; **respecto a** with
  respect/regard to
**respetarse** to respect oneself
**respeto** respect
**respetuoso** respectful
**respirar** to breathe
**responder** to answer, respond

**respuesta** answer, response
**resultado** result
**resultar** to result; to turn out (to be)
**resumido: en resumidas cuentas** in short, in brief
**resumir** to summarize, sum up
**retener** (*like* **tener**) to retain
**reto** challenge
**retomar** to retake
**retórica** rhetoric
**retratar** to depict
**retrato** portrait
**retroceder** to back up
**retrospección** retrospect
**retumbar** to resound; to boom
**reunir(se)** to assemble, gather, get together; to reunite
**reválida** final examination (*for a degree*)
**revelador** revealing
**revisar** to check, inspect
**revista** magazine
**revivir** to revive
**revolotear** to fly, flutter around
**rezar (c)** to pray
**rico** *adj.* rich; delicious, tasty
**riesgo** risk
**rincón** *m.* nook; place
**río** river
**riquezas** *pl.* wealth, riches
**risa** laughter
**ritmo** rhythm
**rito** rite
**robar** to rob, steal
**robo** theft, robbery
**rodar (ue)** to roam
**rodear** to surround
**rodillo** roller
**rojo** red
**rol** *m.* role
**romper** to break
**ropa** *sing.* clothes
**ropero** closet
**rosado** pink
**rostro** face
**rozar (c)** to touch lightly
**ruidoso** noisy
**rumbo** course; **rumbo a** bound for

**ruso/a** *n.* Russian
**ruta** route
**rutina** routine

**S**
**sábana** sheet
**saber** (*irreg.*) to know; to find out about; **saber + inf.** to know how to (*do something*); **saber a** to taste like
**sabio** *adj.* wise
**sabor** *m.* flavor
**saborear** to savor, taste
**sabroso** delicious
**sacar (qu)** to take out; to get, obtain; **sacar el mejor partido** to make the best use of; **sacar ventaja de** to benefit from
**sacrificarse (qu)** to sacrifice oneself
**sagrado** sacred
**sala** living room
**salida** exit; departure
**salir** (*irreg.*) to leave, go out; to come out; to turn out to be; **salir adelante** to get ahead, come out well; **salirse de** to go off; to get out of
**salón** *m.* living room
**saltar** to jump, spring
**salud** *f.* health
**saludable** healthy
**saludar** to greet
**saludo** greeting
**salvar** to save
**salvo: sano y salvo** safe and sound
**sanar** to cure; **sanarse** to regain health
**sangre** *f.* blood
**sano** healthy; **sano y salvo** safe and sound
**santo/a** *n.* saint
**sartén** *f.* skillet
**satén** *m.* satin
**satisfacer** (*like* **hacer**) to satisfy
**secar (qu)** to dry off; **secarse** to get dry
**secundario: (escuela) secundaria** high school
**seguida: en seguida** right away
**seguido: acto seguido** immediately afterward

**seguir (i, i) (g)** to follow; to continue; to continue to be; **seguir** + *ger.* to continue, keep on (*doing something*); **seguir adelante** to go on, carry on

**según** according to

**seguramente** safely

**seguridad** security; assurance; safety; **cinturón** (*m.*) **de seguridad** safety (seat) belt

**seguro** sure

**seleccionar** to select

**sellar** to seal

**semana** week

**sembrado** sprinkled; sown

**semejanza** similarity

**sencillamente** simply

**senda** path

**sensatez** *f.* good sense, prudence

**sensible** sensitive

**sensorial** sensory

**sentar (ie)** to seat; **sentarse** to sit down

**sentido** *n.* sense; meaning; **tener** (*irreg.*) **sentido** to make sense

**sentimiento** feeling, sentiment

**sentir(se) (ie, i)** to feel

**señal** *f.* sign; indication

**señalar** to signal; to point

**señor** *m.* gentleman; sir

**señora** lady

**separar** to separate

**sequía** drought; thirst

**ser** (*irreg.*) *v.* to be; *n. m.* being; **llegar a ser** to become; **o sea** that is to say; **ser originario de** to be a native of

**serenar** to calm

**serie** *f.* series

**seriedad** gravity

**serio** serious; **en serio** seriously

**servir (i, i)** to serve; to be useful; **servirse de** to use

**seseante** *adj. having the quality of pronouncing the Spanish c, before e and i, and the Spanish z, as an s*

**seseo** *n. pronunciation of the Spanish c, before e and i, and the Spanish z, as an s*

**siempre** always; **para siempre** forever

**siglo** century

**significado** meaning

**significar (qu)** to mean

**siguiente** next, following

**silla** chair

**sillón** *m.* armchair

**silvestre** wild

**símbolo** symbol

**similitud** similarity

**simpático** nice

**sin** *prep.* without; **sin duda** undoubtedly; **sin embargo** *conj.* however; **sin que** *conj.* without

**sinfín** *m.* endless number

**sino** but, but rather

**siquiera: ni (tan) siquiera** not even

**sistema** *m.* system

**sitio** place

**soberano** *n.* sovereign

**sobra: de sobra** leftover

**sobrar** to be left over

**sobre** *n. m.* envelope; *prep.* on; over; about; concerning; **sobre todo** especially

**sobrecargado** overdone

**sobreponerse** (*like* **poner**) to overcome

**sobresalir** (*like* **salir**) to stand out

**sobrevivir** to survive

**sociedad** society

**soga** rope, cord

**sol** *m.* sun

**solamente** only

**soldado** soldier

**soleado** sunny

**soledad** loneliness

**soler (ue)** to be accustomed to, be in the habit of; **soler** + *inf.* to be in the habit of (*doing something*)

**solfeo** music theory

**solicitante** *m., f.* applicant

**solicitar** to ask for, request; to apply for

**solicitud: hacer** (*irreg.*) **la solicitud** to apply

**solo** *adj.* alone; sole; lonely

**sólo** *adv.* only

**soltar (ue)** to set free

soltero single, unmarried
sombra shadow
someterse to undergo
sonámbulo/a sleepwalker
sonar (ue) to ring; to play (*musical instrument*)
sonido sound; noise
sonreír (i, i) to smile
sonriente *adj.* smiling
sonrisa smile
soñador(a) dreamer
soñar (ue) to dream; soñar con to dream about
soportar to tolerate, bear
sorprendente surprising
sorprender to surprise; sorprenderse to be surprised
sorpresa surprise
sospechar to suspect
sostener (*like* tener) to hold up, sustain; to hold
suavemente gently
subgraduado *adj.* undergraduate
subir to bring up
súbitamente suddenly
subsiguiente subsequent
suceder to happen
sucumbir to succumb
sudado sweaty
sudor *m.* sweat
sueldo salary
suelo floor
suelto loose
sueño dream
suerte *f.* luck; por suerte luckily; tener (*irreg.*) suerte to be lucky
suficiente sufficient, enough
sufijo suffix
sufrimiento suffering
sufrir to suffer; to undergo, experience
sugerencia suggestion
sugerir (ie, i) to suggest
sumamente extremely
sumarse to join
sumirse to plunge, sink
superficie *f.* surface
supermercado supermarket

supervisar to supervise
supervivencia survival
suplicar (qu) to beg
suponer (*like* poner) to suppose, assume, imagine
supuestamente supposedly
supuesto: por supuesto of course
sur *m.* south
surcar (qu) to cut through
surgir (j) to arise, spring up, appear
suroeste *m.* southwest

T
tablón *m.* large board or plank
tal such (a); con tal de que provided that; de tal forma in such a way; tal como just as; such as; tal cual the same as; tal vez perhaps; un tal a certain
taller *m.* workshop, shop
tamaño size
tambor *m.* drum
tamizar (c) to sift
tampoco neither, not either
tan so; as; such (a); ni (tan) siquiera not even
tanto so much, as much; *pl.* so many, as many; mientras tanto meanwhile; por lo tanto therefore
tañer to strum (*musical instrument*)
tapar to cover
tapiado closed up
tapiz *m.* tapestry
tardar en + *inf.* to take a long time to (*do something*)
tarde *n. f.* afternoon; evening; *adv.* late
tarea task, chore, assignment
tarjeta card; tarjeta postal postcard
taxista *m., f.* cab driver
teatro theater
tejedor(a) weaver
telefónico *adj.* telephone
televisor *m.* television set
tema *m.* theme, subject
temblar (ie) to tremble
tembloroso trembling
temer to fear
temor *m.* fear

**templar** to moderate
**temporal** *n. m.* storm
**temporalmente** temporarily
**temprano** *adj., adv.* early
**tender (ie) a** + *inf.* to tend to (*do something*)
**tener** (*irreg.*) to have; to hold; **tener... años** to be . . . years old; **tener claro** to be clear (*about something*); **tener en cuenta** to keep in mind; **tener hambre** to be hungry; **tener miedo** to be afraid; **tener muchos aires** to be like, resemble; **tener que** + *inf.* to have to (*do something*); **tener presente** to keep in mind; **tener que ver con** to have to do with; **tener razón** to be right; **tener suerte** to be lucky
**tentador** tempting
**tentempié** *m.* snack
**teoría** theory
**terapeuta** *m., f.* therapist
**terapia** therapy
**terminar** to finish, end; to end up
**término** end; term
**ternura** tenderness
**terrenal** *adj.* earthly
**terreno** land, ground
**tesis** *f.* thesis
**tesoro** treasure
**testificar (qu)** to attest
**tibio** lukewarm
**tiempo** time; **al poco tiempo de** shortly after
**tienda** store
**tierno** soft, tender
**tierra** land; ground, earth
**timbre** *m.* bell
**timidez** *f.* shyness
**timorato** timid
**tío/tía** uncle/aunt
**tirar** to throw; **tirarse** to throw/fling oneself
**tirón** *m.*: **de un tirón** with a tug
**titularse** to be called
**título** title; degree, diploma
**toalla** towel
**tobillo** ankle

**tocadiscos** *m. sing., pl.* record player
**tocar (qu)** to touch; to knock (*at a door*); to play (*musical instrument*); **tocarle a (alguien)** to be (someone's) turn
**todavía** still, yet
**todo** all, whole; every; **de todas formas** in any case; **de todas maneras** anyway, in any case; **en todo lugar** everywhere; **por todas partes** everywhere; **sobre todo** especially; **todo lo contrario** the complete opposite
**toma** *n.* taking
**tomar** to take; to have; **tomar el gusto a** to take a liking to; **tomar una decisión** to make a decision
**tonelada** ton
**tontería** foolishness, silliness
**toque** *m.* touch
**toquetear** to handle
**tormenta** storm
**tornarse** to become, turn
**torre** *f.* tower
**torreja** French toast
**torta** cake, torte; **torta borracha** cake soaked in rum
**total: por total** completely
**trabajador(a)** worker
**trabajar** to work
**trabajo** work, job
**traducir** (*like* **conducir**) to translate
**traer** (*irreg.*) to bring; to pull
**tragar (gu)** to engulf; to swallow
**traicionado** betrayed
**traje** *m.* suit
**trámite** *m.* step (*in a negotiation*); *pl.* procedure, formalities
**tranquilidad** tranquility, peace
**tranquilo** calm
**transcurrir** to pass, go by
**transcurso** course
**transformar** to transform
**transportar** to carry back
**traqueteo** clattering, rattling
**tras** after
**trasero** *adj.* rear
**trasfondo** background

**trasladarse** to move, change residence
**traslado** transfer
**traspasar** to cross
**trastornado** upset
**trastorno** upset; disturbance
**tratamiento** treatment
**tratar (de)** to deal with; **tratar de** + *inf.* to try to (*do something*); **tratarse de** to be a question of
**trato** treatment
**través: a través de** through
**travesía** voyage, crossing
**trayecto** journey
**trazar (c)** to trace, plot
**tren** *m.* train
**tres: en un dos por tres** in a jiffy, in no time at all
**tribunal** *m.* court
**trigueño** dark-complexioned
**triste** sad
**tristeza** sadness
**triunfalmente** triumphantly
**triunfar** to triumph
**triunfo** triumph; victory; success
**tronco** stock (*geneological*)
**tropezarse (ie) (c) con** to run into, meet
**tropezón** *m.*: **a tropezones** by fits and starts
**trozo** bit, part
**trueno** thunderclap
**truncarse (qu)** to be cut off
**trunco** mutilated; incomplete
**tul** *m.* fine sheer net
**tumbadora** *Cuban name for a type of conga drum*
**turístico** *adj.* tourist
**turno** turn
**turrón** *m.* nougat bar

**U**
**últimamente** lately
**último** last; latest; **por último** finally
**únicamente** *adv.* only
**único** *adj.* only; unique
**unido** close, tight-knit; **Estados Unidos** United States
**unir** to unite; to combine; **unirse** to unite; to merge

**universitario/a** *n.* university student; *adj.* university
**uno: una vez** once
**untarse** to smear, apply
**urticante** itchy
**usar** to use
**usuario** user
**útil** useful
**utilidad** usefulness
**utilizar (c)** to use

**V**
**vaciar** to empty
**vacío** *n.* vacuum, void; *adj.* empty
**vagancia** idleness, loafing
**vajilla** *sing.* dishes
**valentía** courage
**valer (irreg.)** to be worth; **valer la pena** to be worth (it); **valerse por sí mismo** to fend for oneself
**validez** *f.* validity
**valioso** valuable
**valor** *m.* value; courage; nerve
**valorar** to value
**vals** *m. sing.* waltz
**vano: en vano** in vain
**vapor** *m.* steam
**variado** varied, diverse
**varios** *pl.* various; several
**varón** *m.* male; boy
**vasco** *adj.* Basque
**vaso** (drinking) glass
**vecindario** neighborhood
**vecino/a** *n.* neighbor; *adj.* neighboring
**vedado** forbidden
**vedette** *f.* fashion model
**vencer (z)** to conquer; to overcome
**vencido: darse (irreg.) por vencido** to give up
**vender** to sell
**venir (irreg.)** to come; **venir a buscar** to pick up
**ventaja** advantage; **sacar (qu) ventaja de** to benefit from
**ventana** window
**ver (irreg.)** to see; **tener (irreg.) que ver con** to have to do with
**verano** summer

**veras** *pl.*: **de veras** really
**verdad** truth; true; **de verdad** really, truly
**verdadero** true, real
**verde** green
**verdoso** greenish
**vergüenza** shame; embarrassment
**vertiginoso** causing dizziness
**vestido** dress
**vestimenta** dress, clothes
**vestir (i, i)** to dress; **vestirse** to get dressed
**vestuario** costumes
**vez** *f.* time; **a la vez** at the same time; **a su vez** in turn; **a veces** sometimes; **alguna vez** ever; **de una vez** once and for all; **de vez en cuando** from time to time; **en vez de** instead of; **otra vez** again; **pocas veces** seldom; **tal vez** perhaps; **una vez** once
**vía** road, way; **por vía aérea** by air
**viajante** *n. m.* traveling salesman
**viajar** to travel
**viaje** *m.* trip
**vibrar** to vibrate
**vida** life
**viejo/a** *n.* old person; *adj.* old
**viento** wind; **contra viento y marea** against all odds
**vigencia** force
**vigente** *adj.* in vogue
**villancico** Christmas carol
**vincular** to connect; to link
**vínculo** tie, link
**vino** wine

**virar** to turn, veer
**visitar** to visit
**vislumbrar** to catch a glimpse of
**vista: a primera vista** at first sight; **perder (ie) de vista** to lose sight of; **punto de vista** point of view
**vivamente** vividly
**vivencia** personal experience
**vivienda** housing
**viviente** *adj.* living
**vivir** to live
**vivo** alive, living; **en vivo** live
**vociferar** to shout
**volador** *adj.* flying
**volar (ue)** to fly
**voluntad** will; desire; **con voluntad** willingly
**volver (ue)** to return; **volver a** + *inf.* to (*do something*) again; **volverse** to become; to turn into
**voz** *f.* voice; **en voz alta** out loud
**vuelo** flight
**vuelta** turn; **darle** (*irreg.*) **vuelta a (algo)** to turn (something) over; **dar media vuelta** to turn halfway around; **de ida y vuelta** round-trip

**Y**
**ya** already; now; **ya no** no longer; **ya que** since

**Z**
**zamba** *South American folk dance*
**zanja** ditch
**zapato** shoe
**zona** area, district